JN441311

초초 간단
이탈리아어 문법

초초 간단 이탈리아어 문법

발행일 · 2023년 12월 11일
저 자 · 정방실
발행인 · 노창영
발행처 · 음악춘추
주 소 · 서울시 중구 다산로 11길 13, 405호
TEL·(02)2231-9001~3 **FAX**·(02)2236-9734
등록·1977.6.20.No.2-44
ISBN 978-89-13-98607-9 93780

책 가격은 뒤표지에 있습니다.
잘못된 책은 구입한 곳에서 바꿔 드립니다.

초초간단 이탈리아어 문법

정방실 지음

음악춘추

머리말

외국어를 공부할 때 문법이 먼저냐 회화가 먼저냐에 대한 의견은 늘 갈린다. 문법에 치우치면 회화를 자연스럽게 할 수 없고, 회화만 강조하다 보면 문법 체계가 잡히지 않는다고 말한다. 모두 맞는 말이다. 둘 중 무엇이 더 중요하냐는 문제는 아빠 엄마 중 누가 더 좋냐는 말과 같다.

문법과 회화 중 어느 하나가 더 중요하다고 할 수 없으며, 어느 하나를 소홀히 해서도 절대 언어를 제대로 습득할 수가 없다. 외국어 공부를 앉아서만 하는 우리 아이들을 볼 때 회화가 부족한 것이 현실이라 문법보다 회화가 강조되기는 한다. 하지만 문법 없이 회화는 없고 회화 없이는 문법도 없다.

12년 동안 이탈리아에서 유학하면서 학교 공부와 함께 언어 공부에도 끊임없이 집중했었다. 학교 공부에 언어가 딸려가듯 묻어가기보다는 언어는 분리하여 공부할 필요가 있다는 생각에 병행했으며, 그로 인해 학교 공부가 원활해지는 것은 물론, 국제 이탈리아어 최고자격증을 획득하여 언어 분야에서도 인정받았다.

오랜 기간 이탈리아어를 연구해오면서 어떻게 공부해야 효율적으로 언어를 습득할 수 있을까, 어떻게 하면 문법과 회화를 동시에 탄탄하게 잡을 수 있을까에 대한 문제를 늘 고민해왔다. 이 책에는 이탈리아어 문법이 총망라되어 있다. 그리고 누구나 가볍게 이탈리아어에 접근할 수 있도록 쉽고, 간단하게 설명되어있다.

예문들은 실생활에서 최대한 활용할 수 있는 실용 회화로 이루어져 있으며, 각 단원마다 주제 문법을 학습한 후 바로 훈련할 수 있도록, 요점을 전달하는 연습문제가 세 문제씩 첨부되어 있다.

혼자서도 충분히 공부할 수 있는 교재이며, 문법과 실용 회화를 함께 익혀가며, 이탈리아어에 대한 학습을 기초 단계부터 심화 단계까지 완전하게 이룰 수 있을 것이다. 이탈리아어에 접근할 수 있는 가장 쉽고 빠른 길을 택한 여러분들에게 많은 도움이 되기를 간절히 바란다.

2023년 12월 겨울의 문턱에 서서

차례

Alfabeto 알파벳

모음은 'a, e, i, o, u' 5개이며, 자음은 16개로 알파벳 수는 총 21개이다.
h 는 첫머리에 오는 경우 묵음이다.

a	(아)	**amore** (아모레) 사랑
b	(비)	**buono** (부오노) 좋은
c	(치)	**cielo** (치엘로) 하늘
d	(디)	**dono** (도노) 선물
e	(에)	**eco** (에꼬) 메아리
f	(에페)	**fiore** (피오레) 꽃
g	(쥐)	**gioia** (죠이아) 기쁨
h	(아까)	**ho** (오) 가지다
i	(이)	**invece** (인베체) 대신에
l	(엘레)	**luna** (루나) 달
m	(엠메)	**mano** (마노) 손
n	(엔네)	**neo** (네오) 점
o	(오)	**ora** (오라) 시간
p	(뻬)	**pane** (빠네) 빵
q	(꾸)	**quando** (꾸안도) 언제
r	(에레)	**rosa** (로자) 장미

s	(에쎄)	**sempre** (셈쁘레) 항상
t	(띠)	**tutto** (뚜또) 모두
u	(우)	**uno** (우노) 하나
v	(부)	**voglia** (볼리아) 소망
z	(제따)	**zio** (찌오) 삼촌

외래어 / 외국어에 쓰이는 철자

j	(**i lungo** 이룽고 / **i lunga** 이룽가)	**judo** (유도) 유도
k	(**kappa** 까빠)	**karate** (까라떼) 가라테
w	(**doppia vu** 도삐아 부 / **vu doppia** 부 도삐아)	**würstel** (뷔르스텔) 소세지
x	(**ics** 익스)	**xilofono** (실로포노) 실로폰
y	(**ipsilon** 입실론)	**yogurt** (요구르트) 요구르트

Pronuncia particolare 독특한 발음

c, g, sc, gn, gl 와 모음 'a, e, i, o, u'가 결합할 때 발음하는 법

c	**+ a, o, u**	**ca** (까), **co** (꼬), **cu** (꾸)
	+ e, i	**ce** (체), **ci** (치) **che** (께), **chi** (끼)
g	**+ a, o, u**	**ga** (가), **go** (고), **gu** (구)
	+ e, i	**ge** (제), **gi** (지) **ghe** (게), **ghi** (기)
sc	**+ a, o, u**	**sca** (스까), **sco** (스꼬), **scu** (스꾸)
	+ e, i	**sce** (쉐), **sci** (쉬) **sche** (스께), **schi** (스끼)
gn	**gna** (냐), **gne** (녜), **gni** (니), **gno** (뇨), **gnu** (뉴)	
gl	**+ a, e, o, u**	**gla** (글라), **gle** (글레), **glo** (글로), **glu** (글루)
	+ i	**gli** (리)

*gli (리) 는 li (리) 와 달리 혀를 입천정 뒤에 붙인 후 앞쪽으로 밀면서 뱉어내는 느낌으로 발음해야 한다.

01 명사, 형용사, essere / avere의 동사 변화

명사, 형용사의 단수, 복수 어미변화표

명사, 형용사의 단수	명사, 형용사의 복수
남성 o	남성 i
여성 a	여성 e
남성, 여성 e	남성, 여성 i

1. 명사의 단수, 복수형

(1) 남성명사 : 단수는 o 또는 e 로 끝나며 복수는 모두 i 로 끝난다

예 ragazzo → ragazzi, pesce → pesci

(2) 여성명사 : 단수는 a 또는 e 로 끝나며 복수는 각각 e, i 로 끝난다

예 ragazza → ragazze, chiave → chiavi

예외 problema → problemi, tema → temi, mano → mani,
bici (bicicletta의 줄임말) → bici 또는 biciclette
città → città, caffè → caffè, virtù → virtù
(à, è, ù와 같이 끝음절에 accento가 붙는 단어는 단수 복수 동일)

2. 형용사의 단수, 복수형은 명사의 변화와 같다.

예 carino → carini, carina → carine, gentile → gentili

3. essere 동사 : 영어의 be 동사이며 주어에 따라 변화한다

io – **sono**	**noi** – **siamo**
tu – **sei**	**voi** – **siete**
lui / lei / Lei – **è**	**loro** – **sono**

예 보어는 주어의 성수와 일치한다

io sono bello / bella (나는 잘생겼다 / 예쁘다)

tu sei bello / bella (너는 잘생겼다 / 예쁘다)

lui è bello (그는 잘 생겼다)

lei è bella (그녀는 예쁘다)

Lei è bello / bella (당신은 잘생겼다 / 예쁘다)

noi siamo belli / belle (우리는 잘생겼다 / 예쁘다)

voi siete belli / belle (너희는 잘생겼다 / 예쁘다)

loro sono belli / belle (그들은 잘생겼다 / 예쁘다)

4. avere 동사 : 영어의 have 동사이며 주어에 따라 변화한다

io – ho	**noi – abbiamo**
tu – hai	**voi – avete**
lui / lei / Lei – ha	**loro – hanno**

예 io ho una figlia molto carina (나는 아주 귀여운 딸이 하나 있다)
tu hai una penna? (너 펜 하나 가지고 있니?)
lui ha sonno (그는 잠이 온다)
lei ha un ragazzo (그녀는 남자친구가 있다)
Lei ha ragione, maestro (당신이 옳습니다, 선생님)
noi abbiamo da fare (우리는 할 일이 있다)
voi avete fame? (너희들 배고프니?)
loro hanno voglia di viaggiare (그들은 여행하고 싶어 한다)

Di dove sei?

(너는 어디 출신이니? / 어디서 왔니?)

Io sono coreano di Seoul

(난 서울 출신의 한국 사람이야)

| 문제 |

1. 질문에 알맞은 답을 고르시오

예 Dove è la mamma?

① lei è molto bella

② lei è in cucina con mio fratello

③ lei è coreana di Jeju

④ lei è una donna intelligente

2. 알맞은 답을 모두 고르시오

① Il gattino è (gentile, bella, caro)

② L'Italia è (meravigliosa, buono, interessante)

③ Il caffè italiano è molto (bella, famoso, gustoso)

④ Questo libro è (alto, stanco, difficile)

3. 예문과 같이 단수형을 복수형으로 고치시오

예 io sono coreano → noi siamo coreani

① tu sei studente →

② io sono carina →

③ lui è molto gentile →

④ Lei è alta (존칭) →

02 정관사 / 부정관사, 지시대명사 / 지시형용사

1. 정관사

	정관사의 단수	정관사의 복수
남성	**il**	**i**
	lo / l' (lo 축약)	**gli**
여성	**la**	**le**
	l' (la 축약)	**le**

(1) 정관사의 유형

① 남성 정관사 단수

(a) il + 단어 첫 음절이 자음일 때 예 il ragazzo

(b) lo + 단어 첫 음절이 모음일 때 예 l'amico (l': lo 축약)

(c) lo + 특수어두 (s+자음, x, y, z, gn, pn, ps) 가 올 때

예 lo studio, lo xilofono, lo yogurt, lo zio,
lo gnomo, lo pneumatico, lo psicologo

② 남성 정관사 복수 : il → i, lo / l' → gli

예 il ragazzo → i ragazzi, l'amico → gli amici,
lo studente → gli studenti

③ 여성 정관사 단수

(a) la + 단어 첫 음절이 자음일 때 예 la ragazza

(b) l'+ 단어 첫 음절이 모음일 때 예 l'amica (l': la 축약)

④ 여성 정관사 복수 : la, l'(la 축약) → le

예 la ragazza → le ragazze, l'amica → le amiche

(2) 정관사의 용법

① 알고 있는 어떤 것

예 La chiesa che ho visto ieri è il Duomo di San Francesco

(내가 어제 본 그 교회는 산 프란체스코 성당이다)

② 총칭 명사

예 L'uomo è mortale (인간은 죽는다)

③ 유일 명사

예 La terra è sotto il cielo (땅은 하늘 아래 있다)

④ 수식어구가 있을 때

예 Il figlio di Maria, Sergio è un attore famosissimo

(마리아의 아들, 세르지오는 아주 유명한 배우이다)

⑤ 고유 명사

예 Il Trastevere si trova in Italia (트라스테베레강은 이탈리아에 있다)

⑥ 존칭 명사

예 Il signor Paperi è il maestro del conservatorio di Santa Cecilia

(빠빼리 선생님은 산타 체칠리아 국립 음대 교수이다)

⑦ 날짜

예 Il 25 dicembre si festeggia la nascita di Gesù

(12월 25일에는 예수님의 탄생을 축하한다)

2. 부정관사

	정관사	부정관사
남성	il, l' (lo 축약)	un
	lo (+특수어두)	uno
여성	la	una
	l' (la 축약)	un' (una 축약)

(1) 부정관사의 유형

예 il mondo → un mondo, l'uomo → un uomo
lo sfondo → uno sfondo, lo psicologo → uno psicologo
la barca → una barca, la torta → una torta
l'intimità → un'intimità, l'anima → un'anima

(2) 부정관사의 용법

① 미지의 것

예 È venuta una donna a trovarti (어떤 여인이 널 찾아왔어)

② 보어로 쓰이면서 그 대상과 같은 종류의 다른 명사가 존재할 때

예 Roma è una zona del Lazio
(로마는 라지오 주의 한 지역이다 - 라지오 주에는 로마 외 다른 지역도 있다)

③ 셀 수 없는 명사 (물질, 추상명사)와 함께 상태를 나타내거나 강조할 때

예 Ho una fame da morire (배고파서 죽을 것 같다)

3. 지시대명사 : 단독대명사로 쓰인다

Questo (이것), Quello (저것)의 네 가지 형태가 있다

	단수	복수
남성	**Questo**	**Questi**
	Quello	**Quelli**
여성	**Questa**	**Queste**
	Quella	**Quelle**

예 Questo è il libro di Mina (이것은 미나의 책이다.)

Questi sono i libri di Mina (이것들은 미나의 책이다.)

Questa è la tua borsa? (이것은 네 가방이니?)

Queste sono le tue borse? (이것들은 네 가방이니?)

Quello è il documento di Mina? (그것은 미나의 서류니?)

Quelli sono i documenti di Mina? (그것들은 미나의 서류니?)

Quella è l'arancia italiana (그것은 이탈리아산 오렌지이다.)

Quelle sono le arance italiane (그것들은 이탈리아산 오렌지이다.)

4. 지시형용사 : 명사 앞에 붙으며 명사의 성, 수를 따른다

Questo	Quello
Questo Questi Questa Queste	Quel (il) Quei (i) Quell'(l') Quello (lo) Quegli (gli) Quella (la) Quelle (le)

(1) **Questo** : 지시대명사와 마찬가지로 네 가지 형태만 있다

예 Questo messaggio è di Gino (이 메세지는 지노의 것이다)

Questi messaggi sono di Gino (이 메세지들은 지노의 것이다)

Questa lettera è di Gino (이 편지는 지노의 것이다)

Queste lettere sono di Gino (이 편지들은 지노의 것이다)

(2) **Quello** : 정관사와 같은 형태로 변화한다

예 Quel vino (il vino) è di Gino (그 포도주는 지노의 것이다)

Quei vini (i vini) sono di Gino (그 포도주들은 지노의 것이다)

Quello zaino (lo zaino) è di Gino (그 배낭은 지노의 것이다)

Quegli zaini (gli zaini) sono di Gino (그 배낭들은 지노의 것이다)

Quell'ombrello (l'ombrello) è di Gino (그 우산은 지노의 것이다)

Quegli ombrelli (gli ombrelli) sono di Gino (그 우산들은 지노의 것이다)

Quella sciarpa (la sciarpa) è di Gino (그 목도리는 지노의 것이다)

Quelle sciarpe (le sciarpe) sono di Gino (그 목도리들은 지노의 것이다)

Quell'arpa (l'arpa) è di Gino (그 하프는 지노의 것이다)

Quelle arpe (le arpe) sono di Gino (그 하프들은 지노의 것이다)

Di chi è questo fiore?
(이 꽃은 누구의 것이니?)

Quello è il mio, è un regalo da parte di mio marito
(그것은 내 것이야, 내 남편에게 받은 선물이지)

| 문제 |

1. 알맞은 정관사 또는 부정관사를 쓰시오

① Io ho ______ sorella e lei ha ______ lavoro

② Sonia ha ______ criceto e ______ nome di quel criceto è Bori

③ ______ conservatorio di Santa Cecilia di Roma è molto famoso

④ ______ straniero è davanti a casa mia, ma chi è?

2. 단수형을 복수형으로 고치시오

① Il padrone di casa è italiano →

② Quel padrone di casa è molto gentile →

③ La strada per casa mia è stretta →

④ Questa strada è sempre pulita →

3. 순서대로 쓰시오

① i molto sono dolci buoni →

② abbiamo bella una noi macchina →

③ sono gonne mia zia queste di le →

④ tanto quegli simpatici sono amici →

03 직설법 현재 규칙 동사 변화 (제1군 / 제2군 / 제3군), 전치사관사

1. 직설법 현재 제1군 동사 변화

: ~are 로 끝나는 동사의 are를 떼고 다음과 같은 어미를 붙인다

io – o	noi – iamo
tu – i	voi – ate
lui / lei / Lei – a	loro – ano

예 parlare : parlo, parli, parla, parliamo, parlate, parlano (말하다)

Io parlo bene italiano (나는 이탈리아어를 잘한다)

2. 직설법 현재 제2군 동사 변화

: ~ere 로 끝나는 동사의 ere를 떼고 다음과 같은 어미를 붙인다

io – o	noi – iamo
tu – i	voi – ete
lui / lei / Lei – e	loro – ono

예 scrivere : scrivo, scrivi, scrive, scriviamo, scrivete, scrivono (쓰다)

Scrivete spesso le lettere ai vostri genitori?

(너희들은 부모님께 자주 편지를 쓰니?)

3. 직설법 현재 제3군 동사 변화

(1) 1종 : ~ire 로 끝나는 동사의 ire를 떼고 다음과 같은 어미를 붙인다

io – o	**noi – iamo**
tu – i	**voi – ite**
lui / lei / Lei – e	**loro – ono**

예 partire : parto, parti, parte, partiamo, partite, partono (출발하다)

Loro partono per Roma a mezzogiorno

(그들은 정오에 로마로 출발한다)

(2) 2종 : 1종과 같은 변화를 하지만 noi, voi 형태 제외하고 isc가 삽입된다

io – isco	**noi – iamo**
tu – isci	**voi – ite**
lui / lei / Lei – isce	**loro – iscono**

예 finire : finisco, finisci, finisce, finiamo, finite, finiscono (끝나다)

Maestro, a che ora finisce la lezione di oggi?

(선생님, 오늘 수업 몇 시에 마치나요?)

4. 전치사관사 : 전치사와 정관사가 결합된 형태

정관사 / 전치사	il	lo	l'	i	gli	la	le
a	al	allo	all'	ai	agli	alla	alle
di	del	dello	dell'	dei	degli	della	delle
da	dal	dallo	dall'	dai	dagli	dalla	dalle
su	sul	sullo	sull'	sui	sugli	sulla	sulle
in	nel	nello	nell'	nei	negli	nella	nelle
con	con il (col)	con lo	con l'	con i (coi)	con gli	con la	con le
per	per il	per lo	per l'	per i	per gli	per la	per le
tra/fra	tra il	tra lo	tra l'	tra i	tra gli	tra la	tra le

예 io mangio alla mensa (나는 구내식당에서 밥 먹는다)
tu capisci la grammatica dell'italiano? (이탈리아어 문법을 이해하니?)
lui guarda fuori dall'ufficio (그가 사무실에서 밖을 본다)
Sugli scaffali ci sono dei libri (책장 위에 책들이 있다)
noi siamo nei guai (우리는 곤경에 빠졌다)
I nonni passeggiano con il cane (조부모님은 강아지와 산책하신다)
I soldati combattono per la loro patria (군인들이 조국을 위해 싸운다)
Tra te e me c'è un legame (너와 나 사이에는 유대감이 있다)

Che cosa mangiate stasera?

(오늘 저녁 뭐 먹을거니?)

Stasera mangiamo bulgoghi al ristorante coreano

(오늘 저녁에는 한국 식당에서 불고기를 먹을거야)

| 문제 |

1. 알맞은 동사 변화를 쓰시오

① A : A che ora ________ la lezione d'italiano? (cominciare)
B : La lezione ________ all'una e trenta

② A : Tu quando ________ di lavorare? (finire)
B : Io ________ di lavorare fra un'ora

③ A : Perché ________ così tanto? (dormire)
B : Noi ________ tanto perché siamo stanchi

④ A : Chi ________ il caffè espresso? (amare)
B : Lo ________ tutti gli italiani

2. 알맞은 동사 변화와 전치사 또는 전치사관사를 쓰시오

Io ________ (abitare) ________ Roma, ci ________ (vivere) ________ 10 anni.

Io ________ (avere) tanti amici italiani

e loro ________ (essere) molto simpatici.

Mi ________ (invitare) spesso ________ ristorante ________ cenare insieme.

Noi ________ (mangiare) e ________ (chiacchierare)

________ vino rosso e ________ tanta gioia.

3. 빈칸에 알맞은 동사 변화를 쓰시오

Guido è uno scrittore.

Lui ________ (amare) scrivere e ________ (scrivere) le poesie, i saggi e gli articoli di giornali ecc.

Lui ________ (pensare) di ________ (essere) orgoglioso di sè e del suo lavoro.

Lui ________ (continuare) a ________ (scrivere) perché ________ (scrivere) è ________ (fare) arte.

04 숫자 (기수 / 서수), 시간, 요일, 날씨 (비인칭동사)

1. 숫자 (기수, 서수) 표
2. 시간 : Che ore sono? / Che ora è? (몇 시입니까?)

수	기수	서수
1	uno	primo
2	due	secondo
3	tre	terzo
4	quattro	quarto
5	cinque	quinto
6	sei	sesto
7	sette	settimo
8	otto	ottavo
9	nove	nono
10	dieci	decimo
11	undici	undicesimo
12	dodici	dodicesimo
13	tredici	tredicesimo
14	quattordici	quattordicesimo
15	quindici	quindicesimo
16	sedici	sedicesimo

수	기수	서수
17	**diciassette**	diciassettesimo
18	**diciotto**	diciottesimo
19	**diciannove**	diciannovesimo
20	**venti**	ventesimo
21	**ventuno**	ventunesimo
22	**ventidue**	ventiduesimo
30	**trenta**	trentesimo
40	**quaranta**	quarantesimo
50	**cinquanta**	cinquantesimo
60	**sessanta**	sessantesimo
70	**settanta**	settantesimo
80	**ottanta**	ottantesimo
90	**novanta**	novantesimo
100	**cento**	centesimo
1.000	**mille**	millesimo
2.000	**duemila**	duemillesimo
10.000	**diecimila**	diecimillesimo
20.000	**ventimila**	ventimillesimo
100.000	**centomila**	centomillesimo
200.000	**duecentomila**	duecentomillesimo
1.000.000	**un milione**	milionesimo
2.000.000	**due milioni**	duemilionesimo
10.000.000	**dieci milioni**	diecimilionesimo
100.000.000	**cento milioni**	centomilionesimo
1.000.000.000	**un miliardo**	unmiliardesimo

1:00 È l'una (한시입니다. '한시 + 몇분'까지는 동사가 단수이다)

1:10 È l'una e dieci (한시 십분입니다)

2:15 Sono le due e un quarto / quindici (두시 십오분입니다)

8:30 Sono le otto e mezzo / mezza / trenta (여덟시 삼십분입니다)

9:45 Sono le nove e tre quarti / quarantacinque (아홉시 사십오분입니다)

Sono le dieci meno un quarto / quindici (열시 십오분전입니다)

Manca un quarto alle dieci (열시 십오분전입니다)

12:00 È mezzogiorno (정오입니다)

24:00 È mezzanotte (자정입니다)

3. 요일 :lunedì, martedì, mercoledì, giovedì, venerdì, sabato, domenica

Che giorno è oggi? (오늘은 무슨 요일입니까?)

Oggi è lunedì (오늘은 월요일입니다)

4. 날씨

Che tempo fa oggi? (오늘 날씨 어때요?)

Oggi fa bel tempo / nevica / piove / tuona

(오늘 날씨 좋아요 / 눈이 와요 / 비가 와요 / 천둥 쳐요)

*날씨를 나타내는 비인칭동사는 3인칭 단수를 사용한다

Quanti anni hai?

(넌 몇 살이니?)

Ho diciannove anni / Ne ho diciannove

(난 19살이야)

| 문제 |

1. 예문과 같이 고치시오

예 A che ora parti? (8:20) → Parto alle otto e venti

① A che ora pranzi? (1:00) →

② A che ora vai a dormire? (약 11:30) →

③ A che ora apre la farmacia? (정각 9:00) →

④ A che ora comincia il film? (3:45) →

2. 질문에 맞게 답을 쓰시오

① Quanti anni ha tuo fratello? (18 anni) →

② Quanto costa questo quadro? (28000원) →

③ Quando arrivano i tuoi genitori? (6:45 di sera) →

④ Quante sigarette fumi al giorno? (circa 15) →

3. 작문하시오

나는 토요일마다 부모님 댁에 간다. 그들은 시골에 사신다. 오전 9시 기차를 타고 11시에 도착한다. 우리는 이런저런 얘기를 나누고 함께 점심식사를 한다. 저녁 6시 기차로 돌아와 혼자 저녁을 먹은 후 잠자리에 든다.

05 불규칙동사, 조동사, conoscere / sapere 동사 비교, c'è / ci sono

1. 불규칙 동사 변화

	fare	andare	stare	dire	dare
io	faccio	vado	sto	dico	do
tu	fai	vai	stai	dici	dai
lui/lei/Lei	fa	va	sta	dice	dà
noi	facciamo	andiamo	stiamo	diciamo	diamo
voi	fate	andate	state	dite	date
loro	fanno	vanno	stanno	dicono	danno

2. 조동사 변화

	volere	dovere	potere
io	voglio	devo	posso
tu	vuoi	devi	puoi
lui/lei/Lei	vuole	deve	può
noi	vogliamo	dobbiamo	possiamo
voi	volete	dovete	potete
loro	vogliono	devono	possono

예 Facciamo una festa! (우리 파티 하자!)

Dove vai? (어디 가니?)

Come stanno i tuoi zii? (너의 삼촌 숙모는 잘 지내시니?)

L'insegnante dice di stare zitti agli studenti
(선생님이 학생들에게 조용히 하라고 말씀하신다)

Date una mano a quella signora! (너희들 저 부인을 도와드려라!)

Io voglio portare a termine l'impegno perfettamente
(나는 임무를 완벽하게 완성하고 싶다)

Noi dobbiamo prendere l'ombrello perché piove
(우리는 비가 오기 때문에 우산을 챙겨야 한다)

Loro possono restituire i debiti entro un anno
(그들은 1년 안에 빚을 갚을 수 있다)

3. sapere 와 conoscere 비교

sapere 동사 뒤에는 종속절이 올 수 있지만
conoscere 동사 뒤에는 종속절이 올 수 없다.
sapere 동사 뒤에는 동사원형이 온다.
conoscere 뒤에는 주로 도시, 사람이 오며, '~에 대하여 알다'의 뜻이다

예 Conoscete quell'uomo? (너희들은 그 남자에 대해서 아니?)

Monica conosce bene Singapore (모니카는 싱가폴에대해 잘 안다)

Io conosco tanti cantanti italiani (나는 이탈리아 가수들을 많이 안다)

Io so che loro sono già partiti per Roma
(나는 그들이 이미 로마로 출발한 것을 알고 있다)

Sapete chi è quell'uomo? (너희들은 저 남자가 누구인지 알고 있니?)

Sai il motivo per cui non risponde al telefono Giada?
(쟈다가 왜 전화를 안 받는지 아니?)

Riccardo sa suonare la chitarra (리카르도는 기타를 연주할 줄 안다)

Francesco sa fare il Kendo (프란체스코는 검도를 할 줄 안다)

4. c'è + 단수 / ci sono + 복수 : ~가 있다

예 C'è da mangiare qui? (여기 먹을 것 좀 있니?)

C'è l'aria condizionata nell'aula e fa fresco
(교실 안에 에어컨이 있어서 시원하다)

C'è tanta gente sulla strada (길 위에 사람들이 많이 있다)

Ci sono tre metodi per risolvere il problema
(문제를 해결하기 위한 세 가지 방법이 있다)

Ci sono vari modi di vivere la vita
(삶을 사는 데에 있어 다양한 방식이 있다)

Ragazzi, sapete dove vivono i signori Kim?

(애들아, 김씨 부부가 어디 사는지 알고 있니?)

No, non lo sappiamo perché non li conosciamo

(아니 몰라, 그들이 누군지 모르거든)

| 문제 |

1. 틀린 부분을 찾아서 고치시오

① Conosci chi è qull'uomo? →

② Ci sono la gente al bar →

③ Sapete bene Milano? →

④ Vogliamo andare da te domani →

2. 알맞은 동사 변화를 쓰시오

① Tu ______ fare la torta di mele? (sapere)

② I nostri genitori ______ visitare Parigi quest'estate (volere)

③ Che tempo ______ oggi? (fare)

④ Stasera noi ______ una festa per il nostro anniversario (dare)

3. 질문에 대한 답을 쓰시오

① Quando finisci di studiare? (a mezzanotte) →

② Lui da quanto abita a Seoul? (da 30 anni) →

③ Perché dovete mangiare così presto? (arrivare in puntuali a scuola) →

④ Chi bussa alla porta? (I vicini di casa) →

06 소유형용사, 소유대명사

1. 소유형용사

	남성 단수	남성 복수	여성 단수	여성 복수
io	mio	miei	mia	mie
tu	tuo	tuoi	tua	tue
lui/lei/Lei	suo(Suo)	suoi(Suoi)	sua(Sua)	sue(Sue)
noi	nostro	nostri	nostra	nostre
voi	vostro	vostri	vostra	vostre
loro	loro	loro	loro	loro

(1) '정관사 + 소유형용사 + 명사'의 형태를 이루며
소유형용사는 수반되는 명사의 성, 수와 일치한다

예 il mio libro → i miei libri
il tuo progetto → i tuoi progetti
la sua parte → le sue parti
la nostra casa → le nostre case
il vostro lavoro → i vostri lavori
la loro opera → le loro opere

(2) '정관사 + 소유형용사 + 명사'의 예외 :

① 가족, 친족 관계 단수인 경우 정관사를 생략한다 : mia sorella

② 애칭인 경우에는 정관사를 붙인다 : la mia sorellina

③ 복수인 경우에는 정관사를 붙인다 : le mie sorelle

④ 가족 친족 관계 단수라도 loro는 정관사를 붙인다 : la loro sorella

⑤ 소유형용사 외에 다른 형용사가 추가될 때 정관사를 붙인다

예 la mia sorella carina, il nostro zio intelligente

2. 소유대명사 : '정관사 + 소유격'으로 '~것'의 의미

예 Dove è la mia borsa? (내 가방 어디 있니?)

La tua è sul tavolo (네 가방은 테이블 위에 있어)

Dove sono i tre figli di Olga? (올가의 세 아이들은 어디 있니?)

I suoi sono in giardino (그녀의 아이들은 정원에 있어)

Le vostre sedie sono robuste? (너희의 의자들은 튼튼하니?)

Sì, le nostre sono molto robuste (네, 우리의 의자들은 매우 튼튼해요)

Come stanno i Suoi genitori?

(당신의 부모님은 어떻게 지내시나요?)

I miei stanno benissimo, grazie

(우리 부모님은 잘 지내세요, 감사합니다)

| 문제 |

1. 예문과 같이 쓰시오

예 Dov'è la mia sciarpa? (sul banco) → La tua è sul banco

① Dov'è il tuo armadio? (in ufficio) →

② Dov'è il vostro capo? (in negozio) →

③ Dove sono i Suoi allievi? (nell'aula) →

④ Ragazzi, dove sono i vostri zaini? (in salotto) →

2. 보기와 같이 고치시오

예 ______ gonna è blu (Io) → La mia

① ______ nonno ha settant'anni (noi) →

② ______ fratello frequenta l'università (loro) →

③ ______ cugini arrivano alle 4 (tu) →

④ ______ padre gentile è uno scrittore (Lei) →

3. 알맞은 동사 변화와 소유격을 넣으시오

Io ______ (avere) una figlia, il ______ nome è Sonia.

Il ______ sogno è di diventare veterinaria

perché le ______ (piacere) molto gli animali.

Io ______ (rispettare) i ______ desideri

e ______ (avere) la fiducia nella ______ forza

e nella ______ volontà

07 직설법 근과거 (규칙 / 불규칙 형태), 조동사의 근과거

1. 직설법 근과거

(1) 공식 : 'essere 또는 avere 의 현재형 + 본동사의 과거분사'

본동사가 자동사면 essere를 쓰고 과거분사 어미가 변화하며, 본동사가 타동사면 avere를 쓰고 과거분사 어미가 변화하지 않는다. 과거분사의 어미는 주어의 성수에 따라 결정된다.

예 Stamattina io ho mangiato solo una mela
(오늘 아침 나는 사과 하나만 먹었다)
I carabinieri hanno suonato il citofono (경찰들이 벨을 눌렀다)
Mio marito è rimasto a preparare le lezioni nel suo ufficio tutta la notte (나의 남편은 밤새 그의 연구실에서 수업 준비를 위해 남아있었다)
Le culture sono cambiate col tempo
(문화는 시간이 흐르면서 바뀌었다)

(2) 과거분사의 규칙형 : are → ato, ere → uto, ire → ito

예 parlare → parlato, tenere → tenuto, partire → partito

(3) 과거분사의 불규칙형

동사원형	과거분사	동사원형	과거분사
essere	stato	fare	fatto
venire	venuto	dire	detto
bere	bevuto	piangere	pianto
scrivere	scritto	prendere	preso
esprimere	espresso	morire	morto
vivere	vissuto	mettere	messo

2. 조동사의 근과거

: '조동사 + 본동사' 형태의 근과거는
본동사가 자동사/타동사인가에 따라 보조사 (essere/avere)가 결정된다. 본동사가 자동사면 essere를 쓰고 조동사의 과거분사 어미가 변화하며, 본동사가 타동사면 avere를 쓰고 조동사의 과거분사 어미가 변화하지 않는다. 과거분사의 어미는 주어의 성수에 따라 결정된다.

예 Io voglio mangiare la pizza (나는 피자를 먹고 싶다)
→ Io ho voluto mangiare la pizza (나는 피자를 먹고 싶었다)

Teo può curare tanti pazienti con problemi psichiatrici
(테오는 정신적인 문제를 가진 많은 환자들을 치료할 수 있다)
→ Teo ha potuto curare tanti pazienti con problemi psichiatrici
(테오는 정신적인 문제를 가진 많은 환자들을 치료할 수 있었다)

Noi dobbiamo crescere i nostri bambini con tutta l'anima
(우리는 마음을 다하여 아이들을 양육해야 한다)

→ Noi abbiamo dovuto crescere i nostri bambini con tutta l'anima
(우리는 마음을 다하여 아이들을 양육해야 했다)

Gemma vuole venire a trovarmi (젬마는 나를 보러오기를 원한다)

→ Gemma è voluta venire a trovarmi (젬마는 나를 보러오기를 원했다)

I colleghi devono restare in ufficio fino a mezzanotte
(동료들은 자정까지 사무실에 머물러야 한다)

→ I colleghi sono dovuti restare in ufficio fino a mezzanotte
(동료들은 자정까지 사무실에 머물러야 했다)

Che cosa hai fatto ieri?

(어제 너 뭐 했니?)

Ieri ho studiato la lingua italiana tutto il giorno

(어제 하루종일 이탈리아어 공부를 했어)

| 문제 |

1. 괄호 안의 시제에 맞게 근과거로 고치시오

예 Vado in campagna (l'altro ieri)

→ L'altro ieri sono andato in campagna

① Discutiamo tutta la notte (ieri) →

② Siamo al mare (l'estate scorsa) →

③ Avete un sacco di cose da fare? (lunedì scorso) →

④ Mio padre ama mia madre (sempre) →

2. 다음 예문과 같이 고치시오

예 Giulia vuole partire per Roma → Giulia è voluta partire per Roma

① Veronica può arrivare in puntuali in chiesa →

② Chionia, devi stare in ufficio? →

③ Chionia e Veronica vogliono restare al bar a lungo →

④ Giulia non può stare tranquilla →

3. 알맞은 근과거 형태를 쓰시오

Ieri sera mia nipote ___________ (mangiare) molto gelato

e di notte ___________ (avere) mal di pancia.

così ___________ (volere) chiamare l'ambulanza,

ma non ___________ (trovare) il suo cellulare.

perciò ___________ (stare) male tutta la notte

08 직설법 단순미래, 직설법 선립미래

1. 직설법 단순미래 : 가까운 미래, 추측, 명령의 의미로 사용된다.

(1) 단순미래 규칙 변화

: are 동사의 a를 e로 고치고 어미(**rò, rai, rà, remo, rete, ranno**)를 붙인다. ere, ire는 re만 떼고 어미를 붙인다

	vol**are**	mett**ere**	sent**ire**
io	vol**erò**	mette**rò**	senti**rò**
tu	vol**erai**	mette**rai**	senti**rai**
lui/lei/Lei	vol**erà**	mette**rà**	senti**rà**
noi	vol**eremo**	mette**remo**	senti**remo**
voi	vol**erete**	mette**rete**	senti**rete**
loro	vol**eranno**	mette**ranno**	senti**ranno**

예 Domani io tornerò nel mio paese

(내일 나는 나의 조국으로 돌아갈 것이다 - 미래)

Rima prenderà un po'di riposo dopo tutto?

(리마는 모든 일이 끝난 후 휴식을 좀 취할까? - 추측)

Giacomo, stasera finirai il compito dell'armonia!

(쟈코모, 오늘 저녁 화성학 숙제를 다 마쳐라! - 명령)

(2) 단순미래 불규칙 변화 : 동사의 불규칙 어두에 어미를 붙인다.

essere(sa)	avere(av)	volere(vor)	potere(pot)	dovere(dov)
sarò	avrò	vorrò	potrò	dovrò
sarai	avrai	vorrai	potrai	dovrai
sarà	avrà	vorrà	potrà	dovrà
saremo	avremo	vorremo	potremo	dovremo
sarete	avrete	vorrete	potrete	dovrete
saranno	avranno	vorranno	potranno	dovranno

* 불규칙 변화 동사의 어두

: andare (and), fare (fa), tenere (ter), venire (ver), dire (di), dare (da), stare (sta), sapere (sap), bere (ber), rimanere (rimar), tradurre (tradur), porre (por)

2. 직설법 선립미래

(1) 공식 : 'essere 또는 avere 의 미래형 + 본동사의 과거분사'

본동사가 자동사면 essere를 쓰고 과거분사 어미가 변화하며, 본동사가 타동사면 avere를 쓰고 과거분사 어미가 변화하지 않는다. 과거분사의 어미는 주어의 성수에 따라 결정된다.

(2) 두 가지의 미래시제가 있을 때 먼저 일어나는 시제

(3) 시간부사 접속사 (dopo che, appena, quando)와 함께 사용

예 Dopo che sarà finito il corso di lingua, partirò per la Grecia

(나는 언어 과정이 끝난 후에, 그리스로 떠날 것이다)

Quando mio nipote Eugenio avrà compiuto trent'anni, realizzerà il suo sogno

(나의 조카 에우제니오는 서른 살이 되면, 그의 꿈을 이룰 것이다)

Appena saranno arrivati al mare, faranno il bagno

(그들은 바닷가에 도착하자마자, 물놀이를 할 것이다)

Quando andrai
a studiare in America?
(미국에 공부하러 언제 갈거니?)

Appena avrò finito la scuola,
ci andrò
(학교를 졸업 하자마자, 갈 것이다)

| 문제 |

1. 다음 예문과 같이 고치시오

예 Non hai ancora visto quel film? → No, lo vedrò più tardi

① Non sei ancora andato al lavoro? →

② Non avete ancora mandato il pacco? →

③ Non hai ancora avvisato i tuoi genitori? →

④ Non sono ancora arrivati alla stazione? →

2. 선립미래 형태로 고치시오

예 Prima mangi e poi leggi il giornale
→ Dopo che avrai mangiato, leggerai il giornale

① Prima finite il lavoro e poi uscite →

② Prima telefoniamo alla mamma e poi spediamo il regalo →

③ Prima prendono la medicina e poi dormono →

④ Prima bussa alla porta e poi l'apre →

3. 알맞은 동사의 미래 형태를 쓰시오

Lunedì prossimo, Silvia __________ (cantare) al concerto.

Quel giorno appena __________ (cominciare) la giornata,

__________ (passeggiare) un po'.

E dopo che _________ (finire) di mangiare, _________ (esercitare) per mezz'ora.

E per tutto il giorno _________ (bere) l'acqua abbastanza.

Quando _________ (arrivare) a teatro,

_________ (fare) la prova prima del concerto.

E lei _________ (essere) bravissima sul palcoscenico!

09 재귀동사 현재 / 과거, 조동사와의 결합

1. 정의 : 자신을 목적어로 가지며 '재귀대명사 + 동사 변화'의 형태를 갖는다.

재귀대명사

io	**mi**	noi	**ci**
tu	**ti**	voi	**vi**
lui / lei / Lei	**si**	loro	**si**

재귀동사

	lavarsi = si + lavare
io	mi lavo
tu	ti lavi
lui / lei / Lei	si lava
noi	ci laviamo
voi	vi lavate
loro	si lavano

2. 용법

(1) 본질적 재귀동사 : 재귀대명사를 목적어로 갖는 동사

예 lavarsi : Io mi lavo (나는 씻는다 : 나는 나를 씻는다)

alzarsi : Noi ci alziamo presto (우리는 일찍 일어난다 : 우리는 일찍 우리를 일으킨다)

(2) 형식적 재귀동사 : 목적어가 존재하며 재귀대명사를 형식적으로 갖는 동사

예 lavarsi le mani : Io mi lavo le mani (나는 손을 씻는다 - mi의 의미 상실)

mettersi il cappello : Tu ti metti il cappello (너는 모자를 쓴다 - ti의 의미 상실)

(3) 상호 재귀동사 : 서로에게 영향을 끼치는 동사

예 salutarsi : Noi ci salutiamo (우리는 - 서로 - 인사한다)

amarsi : Loro si amano (그들은 - 서로 - 사랑한다)

3. 재귀동사 현재 변화표

규칙동사

	alzarsi (일어나다)	mettersi (쓰다, 입다)	sentirsi (느끼다)
io	mi alzo	mi metto	mi sento
tu	ti alzi	ti metti	ti senti
lui/lei/Lei	si alza	si mette	si sente
noi	ci alziamo	ci mettiamo	ci sentiamo
voi	vi alzate	vi mettete	vi sentite
loro	si alzano	si mettono	si sentono

예 La mattina io mi sveglio sempre alle 8
(아침에 나는 항상 8시에 일어난다)
Lui si mette sul divano (그는 소파 위에 앉는다)
Vi sentite bene oggi? (너희들 오늘 기분 좋으니?)

불규칙동사

farsi la doccia (샤워하다)	sedersi (앉다)	accorgersi (깨닫다)
mi faccio la doccia	mi siedo	mi accorgo
ti fai la doccia	ti siedi	ti accorgi
si fa la doccia	si siede	si accorge
ci facciamo la doccia	ci sediamo	ci accorgiamo
vi fate la doccia	vi sedete	vi accorgete
si fanno la doccia	si siedono	si accorgono

예 Io mi faccio la doccia ogni mattina (나는 매일 아침 샤워한다)
Dove ti siedi? (어디 앉을거니?)
Loro non si accorgono del fatto (그들은 사건을 인지하지 못한다)

4. 재귀동사 과거시제

: 보조사는 essere 이며 주어의 성수에 따라 과거분사 어미변화를 한다

io	mi sono alzato/a	noi	ci siamo alzati/e
tu	ti sei alzato/a	voi	vi siete alzati/e
lui/lei/Lei	si è alzato/a	loro	si sono alzati/e

예 Io mi sono alzato alle otto di mattina (나는 아침 8시에 일어났다)

Loro si sono alzati molto tardi stamattina

(그들은 오늘 아침 매우 늦게 일어났다)

5. 조동사와 결합 시

(1) 현재 : 재귀대명사를 앞뒤에 모두 배치 가능

예 Io non voglio arrabbiarmi = Io non mi voglio arrabbiare

(나는 화내고 싶지 않다)

Lei deve pettinarsi = Lei si deve pettinare (그녀는 머리를 빗어야 한다)

(2) 과거 : 재귀대명사를 뒤에 배치하면 보조사는 avere,
재귀대명사를 앞에 배치하면 보조사는 essere 이다.
'Voglio alzarmi – Ho voluto alzarmi / Mi sono voluto alzare'

예 Susanna ha voluto riposarsi per una settimana

/ Susanna si è voluta riposare per una settimana

(수잔나는 1주일 동안 쉬고 싶었다)

Sonia ha potuto godersi un posto meraviglioso

/ Sonia si è potuta godere un posto meraviglioso

(소니아는 아주 멋진 곳에서 즐길 수 있었다)

Gioia ha dovuto coricarsi molto tardi a causa del lavoro

/ Gioia si è dovuta coricare molto tardi a causa del lavoro

(죠이아는 업무 때문에 매우 늦게 잠자리에 들어야 했다)

A che ora ti sei svegliato oggi?

(오늘 몇 시에 일어났니?)

Mi sono svegliato presto,
ma mi sono alzato dopo mezz'ora

(일찍 깨긴 했는데, 30분 뒤에 일어났어)

| 문제 |

1. 다음 예문과 같이 고치시오

예 Ti trovi bene a Bologna? → Sì, mi ci trovo benissimo

① Tuo marito si alza presto la mattina? →

② Voi vi fermate a lungo qui? →

③ Volete riposarvi un po'? →

④ Possiamo sederci là? →

2. 예문과 같이 과거시제로 고치시오

예 Mio nipote vuole laurearsi all'università

→ Mio nipote ha voluto laurearsi all'università

→ Mio nipote si è voluto laureare all'università

① Noi vogliamo riposarci sul divano

→

→

② Mia cugina deve trasferirsi a Milano

→

→

③ Tu e il tuo ragazzo potete sposarvi in aprile

→

→

④ Le mie sorelle devono pentirsi dei loro sbagli

→

→

3. 과거 시제로 고치시오

Milo è austriaco.

Lui ________ (visitare) due volte la Corea.

La seconda volta, ________ (venire) a conoscere Gianna.

Quando loro due ________ (incontrarsi),

________ (innamorarsi) a prima vista.

Da quel momento, non ________ (lasciarsi) mai

e staranno insieme per sempre.

10 인칭대명사 (간접 보어 인칭대명사/직접 보어 인칭대명사/복합대명사)

간접 보어 인칭대명사와 직접 보어 인칭대명사

인칭	간접	직접
io	**mi**	**mi**
tu	**ti**	**ti**
lui / le / Lei	**gli / le / Le**	**lo / la / La**
noi	**ci**	**ci**
voi	**vi**	**vi**
loro	**gli / loro**	**li / le / Le**

* loro의 간접 보어 중 gli 는 동사 앞에 위치하고, loro는 동사 뒤에 위치하며 주로 문어체에 쓰인다.

1. 간접 보어 인칭대명사는 여격, 3격(~에게) 이다.

예 Il professore ci insegna la matematica e noi gli diamo ascolto
(교수님은 우리에게 수학을 가르쳐주시고 우리는 그의 말을 경청한다)

2. 직접 보어 인칭대명사는 목적격, 4격(~을, 를) 이다.

예 Tu mi ami? (너는 나를 사랑하니?)

Sì, ti amo (응, 나는 너를 사랑해)

3. 복합대명사는 간접 보어와 직접 보어의 결합이며 이때 간접 보어의 형태 변화가 일어난다

	lo	la	li	le	ne
mi	me lo	me la	me li	me le	me ne
ti	te lo	te la	te li	te le	te ne
gli/le/Le	glielo	gliela	glieli	gliele	gliene
ci	ce lo	ce la	ce li	ce le	ce ne
vi	ve lo	ve la	ve li	ve le	ve ne
gli	glielo	gliela	glieli	gliele	gliene

예 Io vi ho comprato le cose necessarie ieri e ve le spedirò domani

(나는 어제 너희에게 필요한 것들을 샀는데 내일 - 너희에게 그것들을 - 보내줄게)

Paola manda i regali ai suoi genitori e glieli manda spesso

(파올라는 그녀의 부모님께 선물을 보내며 - 그들에게 그것들을 - 자주 보낸다)

Quando ci offri da bere?

(우리에게 음료 언제 살거야?)

Ve lo offro adesso!

(- 너희들에게 그것을 - 지금 살게!)

| 문제 |

1. 다음 예문과 같이 고치시오

예 Senti, hai una penna? → Sì, ce l'ho, eccola!

① Senta, ha due buste? →

② Senti, hai i biscotti da mangiare? →

③ Senta, ha le gomme da masticare? →

④ Senti, hai un biglietto del tram? →

2. 예문과 같이 복합대명사로 고치시오

예 Spedisci il telegramma ai nonni?
→ Sì, glielo spedisco adesso

① Chiedi la forchetta alla cameriera? →

② Prepariamo le torte ai nostri figli? →

③ Consegnate il programma al capo? →

④ Fanno i regali ai loro genitori? →

3. 적당한 인칭대명사를 넣으시오

Mariella ama viaggiare e collezionare le calamite internazionali.

Lei __________ compra dovunque viaggi

e __________ compra anche per i suoi figli.

_________ piace tanto ricever _________ da lei.

Quando Mariella ritorna a casa dal viaggio,

_________ aspettano i figli e loro vogliono vederle subito.

Quelle _________ fanno ricordare tante belle esperienze

e _________ faranno ricordare per sempre.

11 인칭대명사에 따른 과거분사 어미변화. 부분관사 ne 용법

1. 근과거

'essere + 과거분사'는 주어의 성수에 따라 과거분사의 어미가 변하지만 'avere + 과거분사'는 주어와 관계없이 과거분사 어미가 변하지 않는다 하지만, 목적어가 인칭대명사가 되어 동사 앞에 올 경우, 인칭대명사의 성수에 따라 과거분사의 어미가 변한다

예 Io ho finito il compito → Io l'ho finito (lo 축약)

Io ho finito i compiti → Io li ho finiti (나는 숙제를 마쳤다)

Noi abbiamo fatto la torta → Noi l'abbiamo fatta (la 축약)

Noi abbiamo fatto le torte → Noi le abbiamo fatte

(우리는 케이크를 만들었다)

* 복수형은 축약하지 않는다

2. 부분관사 ne 용법

(1) 전체수량 중 '부분적인 ~ 얼마'를 뜻할 때

*이때 과거분사의 어미는 뒤에 나오는 수량과 성수 일치 시킨다.

예 A : Quanti figli ha signora? (자녀가 몇 명인가요 부인?)

B : Io ne ho <u>uno</u> / due / tre... (한 명 / 두 명 / 세 명입니다)

C : Quante valigie avete portato? (여행 가방을 몇 개 갖고 갔니?)

D : Noi non ne abbiamo portata nessuna (하나도 안 가져갔어)

Noi ne abbiamo portate quattro (네 개 가져갔어)

E : Ho comprato un sacchetto di ciliegie, ne vuoi un po'?

(체리 한 봉지 샀는데 좀 줄까?)

F : Sì, grazie, ma ne voglio poche (응, 고마워, 조금만 줘)

(2) <di + 명사, 부정사, 절>을 대신하여 '~에 대하여'란 뜻을 나타날 때

예 A : Ci raccontate del vostro viaggio?

(너희들의 여행에 대해서 우리에게 얘기해줄래?)

B : Sì, ve ne raccontiamo ora

(응, - 그것에 대해서 너희들에게- 지금 바로 얘기해줄게)

C : Volete parlarmi dell'incidente di ieri?

(어제 사고에 대해서 나한테 말해줄래?)

D : Sì, maestro, gliene parliamo subito

(네, 선생님, - 그것에 대해서 당신에게 - 지금 바로 알려드릴게요)

Hai conosciuto
tanti italiani in Italia?

(이탈리아에서 많은 이탈리아인을 알게 되었니?)

Sì, ne ho conosciuti tanti

(응, 아주 많이 알게 되었어)

| 문제 |

1. 다음 예문과 같이 고치시오

예 Hai già fatto colazione? → No, non l'ho ancora fatta

① Avete già prenotato l'hotel? →

② Hanno già finito i compiti? →

③ Lei ha già risolto le domande? (존칭) →

④ Lui ha già comprato le scarpe? →

2. ne를 사용하여 질문에 대한 답을 쓰시오

예 Quanti dolci hai mangiato? (3) → Ne ho mangiati tre

① Quante mele hai comprato? (1) →

② Quanti libri hai letto? (tanto) →

③ Quanta roba avete portato? (5) →

④ Quante ragazze avete salutato? (nessuno) →

3. 다음 대화를 인칭대명사와 ne를 사용하여 작문하시오

A : 그 문제에 대해서 부모님께 말씀드렸니?

B : 아니, 아직 말씀 안 드렸어

A : 왜?

B : 걱정하실 것 같아서

A : 하지만, 말씀드리는 것이 좋을 거야

B : 그래, 맞아. 그럼 오늘 저녁에 말씀드려야겠다.

A : 걱정하지 마, 다 잘 될 거야!

B : 진심으로 고마워!

12 반과거(불완료 과거), 대과거

반과거 동사 변화

	essere	avere	studiare	mettere	sentire
io	**ero**	**avevo**	studiavo	mettevo	sentivo
tu	**eri**	**avevi**	studiavi	mettevi	sentivi
lui/lei/Lei	**era**	**aveva**	studiava	metteva	sentiva
noi	**eravamo**	**avevamo**	studiavamo	mettevamo	sentivamo
voi	**eravate**	**avevate**	studiavate	mettevate	sentivate
loro	**erano**	**avevano**	studiavano	mettevano	sentivano

fare	stare	dire	dare	andare
facevo	stavo	dicevo	davo	andavo
facevi	stavi	dicevi	davi	andavi
faceva	stava	diceva	dava	andava
facevamo	stavamo	dicevamo	davamo	andavamo
facevate	stavate	dicevate	davate	andavate
facevano	stavano	dicevano	davano	andavano

1. 반과거 용법

(1) 상태

예 Quando lui era piccolo, era cicciottello (그는 어렸을 때, 뚱뚱했다)

(2) 습관

예 Al liceo, noi studiavamo con gli amici in biblioteca
(고등학교 때, 우리는 친구들과 도서관에서 공부하곤 했다)

(3) 묘사

예 Il ragazzo che ho incontrato ieri al bar, era molto alto e parlava italiano
(어제 바에서 만난 청년은, 매우 키가 크고 이탈리아어를 말하고 있었다)

(4) 가정법

예 Se avevano dei soldi, te li mandavano tutti
(그들이 돈이 있었다면, 너에게 다 보냈을 거야)

(5) 존중

예 Senta, volevo un cappuccino! (저기요, 카푸치노 한 잔 주세요!)

(6) 중단된 말을 다시 시작할 때

예 Dicevo, il programma sarà modificato
(말한 바와 같이, 프로그램은 수정될 것이다)

(7) 원과거 대신 실감나게 표현할 때

예 C'era una volta Biancaneve, andava in giro nel bosco con sette nani (옛날 옛적에 백설 공주가 살았는데, 일곱 난장이들과 숲속 여기저기 놀러 가곤 했다)

2. 대과거 용법

(1) 모든 과거의 아버지. 어느 한 과거 시점보다 한 시제 더 앞선다

(2) 공식 : 'essere 또는 avere 의 반과거 + 본동사의 과거분사'

본동사가 자동사면 essere를 쓰고 과거분사 어미가 변화하며, 본동사가 타동사면 avere를 쓰고 과거분사 어미가 변화하지 않는다. 과거분사의 어미는 주어의 성수에 따라 결정된다.

예 Stamattina Lina ha preso l'espresso doppio perché ieri notte non era riuscita a dormire nemmeno un'ora
(오늘 아침 리나는 바에서 더블 에스프레소를 마셨는데, 어젯밤 한 시간도 못 잤기 때문이다)

Al compleanno di Alessio, sono venuti i suoi amici italiani. lui gli aveva mandato gli inviti una settimana prima
(알레씨오의 생일파티에 그의 이탈리아 친구들이 왔다. 그는 한 주 전에 그들에게 초대장을 보냈었다)

Hai perso il treno?

(기차 놓쳤니?)

Sì, quando sono arrivato alla stazione, il treno era già partito

(응, 내가 역에 도착했을 때, 기차는 이미 떠났어)

| 문제 |

1. 다음 예문과 같이 고치시오

예 Ogni volta che beve, si ubriaca
→ Ogni volta che beveva, si ubriacava

① Ogni volta che ti chiamo, trovo la linea occupata →

② Ogni volta che ci incontriamo, ci salutiamo →

③ Ogni volta che lei passa per via Tuscolana, lo vede →

④ Ogni volta che danno un esame, sbagliano tutto →

2. 근과거 또는 반과거로 고치시오

① Quando io ________ (avere) 20 anni,
________ (andare) spesso al mare

② La signora non ________ (comprare) quella gonna,
perché ________ (costare) troppo

③ Quando tu ________ (sentirsi) male,
io ti ________ (portare) la medicina

④ Noi ________ (stare) guardando la TV,
quando ________ (andare) via la luce

3. 괄호안 동사를 반과거 또는 근과거로 고치시오

Nel principio Dio _________ (creare) il cielo e la terra.

La terra _________ (essere) informe e vuota.

E le tenebre _________ (coprire) la faccia dell'abisso.

E lo Spirito di Dio _________ (alleggiare) sulla superficie delle acque.

Poi Dio _________ (dire) "Sia la luce!", e la luce fu.

13 명령법 (긍정 명령법 / 부정 명령법)

1. 긍정 명령법

(1) 명령법 변화표

	essere	avere
io	-	-
tu	**sii**	**abbi**
Lei (존칭)	**sia**	**abbia**
noi	**siamo**	**abbiamo**
voi	**siate**	**abbiate**
Loro (존칭)	**siano**	**abbiano**

예 Abbia coraggio! (-당신- 용기를 가져요!)
Siate pazienti! (-너희들- 인내심을 가져라!)

규칙 동사 변화

	mangiare	mettere	partire	capire
tu	mangia	metti	parti	capisci
Lei	mangi	metta	parta	capisca
noi	mangiamo	mettiamo	partiamo	capiamo
voi	mangiate	mettete	partite	capite
Loro	mangino	mettano	partano	capiscano

예 Partiamo subito! (-우리- 당장 출발하자!)

Capiscano la situazione! (-여러분들- 상황을 이해해주세요!)

불규칙 동사 변화

fare	stare	dire	dare	andare
fà	stà	dì	dà	và
faccia	stia	dica	dia	vada
facciamo	stiamo	diciamo	diamo	andiamo
fate	state	dite	date	andate
facciano	stiano	dicano	diano	vadano

예 Và via immediatamente! (당장 가버려!)

Dite la verità! (사실을 말해라!)

Stiano tranquilli! (걱정하지 마세요!)

(2) 대명사의 위치 (재귀동사의 재귀대명사 포함)

: 단수 2인칭(tu), 복수 1인칭(noi)과 복수 2인칭(voi)에서 대명사는 동사 뒤에 붙이고 단수 존칭 3인칭(Lei), 복수 존칭 3인칭(Loro)에서 대명사는 동사 앞에 붙인다.

예

lo mandare (그것을 보내다)	alzarsi (일어나다)
mandalo!	alzati!
lo mandi!	si alzi!
mandiamolo!	alziamoci!
mandatelo!	alzatevi!
lo mandino!	si alzino!

(3) 이중대명사에서도 대명사 위치 용법은 같다

예 <mandare il libro allo zio> mandaglielo! glielo mandi! mandiamoglielo! mandateglielo! glielo mandino!

(4) 간접명령 (3인칭에 대한 명령)은 접속법을 사용한다 (15과 접속법 참조)

예 Dica al cameriere che pulisca la camera!

(직원에게 방을 청소하도록 말하세요! - 직원에게 간접명령)

I passeggeri passino a sinistra, per favore!

(통행인들은 왼쪽으로 지나가세요, 부탁합니다! - 경고문)

(5) 명령법 단음절 동사가 대명사와 결합할 경우 accento를 생략하고, 대명사의 자음을 하나 더 추가한다 (gli 제외)

예 fare : fà+ ti → fatti vedere! (연락해!)

andare : và+ ci → vacci subito! (바로 거기로 가라!)

dare : dà+ ti → datti da fare! (할 일을 해라!)

dire : dì+ lo → dillo pure! (얼마든지 그것을 말해라!)

stare : stà+ mi → stammi a sentire! (내 말 잘 들어봐!)

2. 부정 명령법

: 단수 2인칭(tu)은 'non + 동사원형' 형태이고 나머지는 'non + 긍정 명령' 형태이다.
대명사가 올 경우, 단수 2인칭(tu), 복수 1인칭(noi), 2인칭(voi)은 대명사가 non과 동사 사이에 오거나, 동사 뒤에 붙일 수 있다.
단수 존칭 3인칭(Lei), 복수 존칭 3인칭(Loro)은 긍정 명령 형태에서 앞에 non만 붙이면 된다.

예

	pentirsene (후회하다)	glielo dire (그에게 그것을 말하다)
tu	Non pentirtene! / Non te ne pentire!	Non dirglielo! / Non glielo dire!
Lei	Non se ne penta!	Non glielo dica!
noi	Non pentiamocene! / Non ce ne pentiamo!	Non diciamoglielo! / Non glielo diciamo!
voi	Non pentitevene! / Non ve ne pentite!	Non diteglielo! / Non glielo dite!
Loro	Non se ne pentano!	Non glielo dicano!

Professoressa Park,
stia sempre attenta alla salute!

(박교수님, 늘 건강 조심하십시오!)

Grazie, anche tu!

(고마워, 너도!)

| 문제 |

1. 다음 예문과 같이 고치시오

예 Devi avere pazienza → Abbi pazienza!

① Devi stare attento →

② Dovete avvisare i genitori →

③ Deve mandarlo subito →

④ Dobbiamo avere fiducia in loro →

2. 부정명령으로 고치시오

예 Mangialo! → Non mangiarlo!

① Alzatevi! →

② Lo finisca adesso! →

③ Lo spediscano domani! →

④ Salutiamoci! →

3. tu에 대한 명령을 존칭 Lei에 대한 명령으로 고치시오

예 Fallo entro domani! → Lo faccia entro domani!

① Dimmelo adesso! →

② Pensaci attentamente! →

③ Faccelo sapere quando vieni a saperlo! →

④ Spediscliglielo stasera perché non hai tempo! →

14 조건법 (현재 / 과거)

1. 정의 : 예의 바르고 세련된 표현법

2. 조건법 현재

: are 동사는 a를 e로 고치고, 어미 (**rei, resti, rebbe, remmo, reste, rebbero**)를 붙이고, ere, ire 동사는 re를 생략하고 어미를 붙인다

(1) 동사 변화

	essere (**sa**)	avere (**av**)
io	**sarei**	**avrei**
tu	**saresti**	**avresti**
lui/lei/Lei	**sarebbe**	**avrebbe**
noi	**saremmo**	**avremmo**
voi	**sareste**	**avreste**
loro	**sarebbero**	**avrebbero**

	cantare	scrivere	finire
io	canterei	scriverei	finirei
tu	canteresti	scriveresti	finiresti
lui/lei/Lei	canterebbe	scriverebbe	finirebbe
noi	canteremmo	scriveremmo	finiremmo
voi	cantereste	scrivereste	finireste
loro	canterebbero	scriverebbero	finirebbero

(2) 불규칙 어두로 변화하는 동사들

volere(**vor**)	dovere(**dov**)	potere(**pot**)	bere(**ber**)	venire(**ver**)
vorrei	dovrei	potrei	berrei	verrei
vorresti	dovresti	potresti	berresti	verresti
vorrebbe	dovrebbe	potrebbe	berrebbe	verrebbe
vorremmo	dovremmo	potremmo	berremmo	verremmo
vorreste	dovreste	potreste	berreste	verreste
vorrebbero	dovrebbero	potrebbero	berrebbero	verrebbero

*그 외 : rimanere (rimar), sapere (sap), porre (por), tradurre (tradur)

(3) 용법

① desiderio (소망)

예 Io mangerei una pizza adesso (지금 피자 한 쪽 먹고 싶다)

② richiesta (요구)

예 Chiuderesti la porta, per favore? (문 좀 닫아줄래?)

③ dubbio (추측)

예 Voi ce la fareste? (너희가 해낼 수 있을까?)

④ opinione personale (개인 의견)

예 Io direi di no (난 그렇지 않다고 생각해)

⑤ incertezza (불확실)

예 Domani potrebbe piovere (내일 비가 올 수도 있어)

⑥ formale (존칭)

예 Senta, mi passerebbe il sale? (저기, 소금 좀 건네 주실래요?)

⑦ possibilità (가능)

예 Questo fine-settimana, i nonni verrebbero a trovarci (이번 주말에 조부모님이 우리를 만나러 오실지도 몰라)

⑧ consiglio (충고)

예 Sarebbe meglio che voi partiste dopodomani (너희는 내일모레 떠나는 것이 좋을 거야)

⑨ ironia, sacramento (아이러니, 빈정)

예 Tu riusciresti a fare quei lavori, eh? (네가 그 일을 다 할 수 있다고, 응?)

⑩ risentimento, protesta (분개, 이의)

예 Perché dovrei farlo sempre io? (왜 그걸 늘 내가 해야 하니?)

3. 조건법 과거

(1) 공식 : 'essere 또는 avere 의 조건법 현재 + 본동사의 과거분사'

본동사가 자동사면 essere를 쓰고 과거분사 어미가 변화하며, 본동사가 타동사면 avere를 쓰고 과거분사 어미가 변화하지 않는다. 과거분사의 어미는 주어의 성수에 따라 결정된다.

(2) 용법

① 과거에 이루지 못한 일

예 Cara, avresti dovuto avvisarci prima, così ti saremmo venuti a dare il benvenuto

(얘, 미리 얘기 하지 그랬어, 그랬으면 우리가 환영하러 왔을 텐데)

② 과거속의 미래

예 Luna mi ha detto che sarebbe partita per la Cina il giorno dopo (루나는 다음날 중국으로 떠날 거라고 내게 말했다)

③ 가정법

예 Se Adina avesse invitato Alessandro al suo concerto, lui sarebbe stato veramente contento

(아디나가 알레산드로를 음악회에 초대했다면, 정말 좋아했을 텐데)

④ 과거 일에 대한 추측

예 Dana sarebbe tornata a casa con suo marito e con i suoi due gatti

(다나는 남편과 그녀의 두 마리 고양이와 함께 집으로 돌아갔을 것이다)

⑤ 현재, 미래 실현 불가능한 일

예 Carlo! ti saresti divertito alla mia festa, peccato che tu abbia tanto da fare

(까를로! 내 파티에 오면 재미있게 보낼 텐데, 할 일이 많아서 유감이네)

Sonia!
potresti provare tutte le opportunità
perché il mondo è a tua disposizione.

(소니아! 넌 모든 기회에 도전할 수 있어,
세상은 널 위해 준비되어 있으니까)

| 문제 |

1. 다음 예문과 같이 직설법을 조건법으로 고치시오

예 Hai una penna da prestarmi?

→ Avresti una penna da prestarmi?

① Domani verrai da me? →

② Avete un po' di tempo? →

③ Sei gentile da prestarmi il cellulare? →

④ È difficile risolverlo? →

2. 조건법 현재를 조건법 과거로 고치시오

예 Vorrei tornare nel mio paese, Roma

→ Sarei voluto tornare nel mio paese, Roma

① Elena sarebbe contenta di stare vicino al mare →

② Leo e Gioanna avrebbero piacere di vedermi dopo tanto tempo →

③ Rania, ti sentiresti meglio a casa? →

④ Giulia e la sua famiglia andrebbero in vacanza a Dokdo →

3. 조건법을 사용하여 작문하시오

① Sofia는 1주일 뒤에 스위스로 돌아갈 거라고 나에게 말했다 →

② 우리는 파리에 남기를 원했지만 불가능했다 →

③ 네 생일파티에 꼭 가고 싶지만, 오늘 저녁까지 끝내야 할 일이 있어 →

④ Caterina는 작년에도 이탈리아 마라톤 대회에 나갈 수 있었는데, 아팠다 →

15 접속법 (현재 / 과거 / 반과거 / 대과거)

1. 정의 : 감정적이고 주관적인 표현법

2. 시제 종류 : 접속법 현재 / 접속법 과거 / 접속법 반과거 / 접속법 대과거

(1) 주절의 동사가 현재시제나 미래시제일 경우

① 종속절이 접속법 현재이면 주절과 시제가 같거나 한 시제 미래

② 종속절이 접속법 과거이면 주절보다 한 시제 과거

(2) 주절의 동사가 과거시제일 경우

① 종속절이 접속법 반과거이면 주절과 시제가 같거나 한 시제 미래

② 종속절이 접속법 대과거이면 주절보다 한 시제 과거

3. 접속법 동사 변화

(1) 접속법 현재 동사 변화

	essere	avere
io	sia	abbia
tu	sia	abbia
lui / lei / Lei	sia	abbia
noi	siamo	abbiamo
voi	siate	abbiate
loro	siano	abbiano

	cantare	mettere	partire	capire
io	canti	metta	parta	capisca
tu	canti	metta	parta	capisca
lui/lei/Lei	canti	metta	parta	capisca
noi	cantiamo	mettiamo	partiamo	capiamo
voi	cantiate	mettiate	partiate	capiate
loro	cantino	mettano	partano	capiscano

fare	stare	andare	dire	dare
faccia	stia	vada	dica	dia
faccia	stia	vada	dica	dia
faccia	stia	vada	dica	dia
facciamo	stiamo	andiamo	diciamo	diamo
facciate	stiate	andiate	diciate	diate
facciano	stiano	vadano	dicano	diano

(2) 접속법 과거 동사 변화

: '**essere 또는 avere의 접속법 현재 + 본동사의 과거분사**'

본동사가 자동사면 essere를 쓰고 과거분사 어미가 변화하며,
본동사가 타동사면 avere를 쓰고 과거분사 어미가 변화하지 않는다.
과거분사의 어미는 주어의 성수에 따라 결정된다.

essere	avere	fare	stare
sia stato/a	abbia avuto	abbia fatto	sia stato/a
sia stato/a	abbia avuto	abbia fatto	sia stato/a
sia stato/a	abbia avuto	abbia fatto	sia stato/a
siamo stati/e	abbiamo avuto	abbiamo fatto	siamo stati/e
siate stati/e	abbiate avuto	abbiate fatto	siate stati/e
siano stati/e	abbiano avuto	abbiano fatto	siano stati/e

(3) 접속법 반과거 동사 변화

essere	avere	cantare	mettere	capire
fossi	avessi	cantassi	mettessi	capissi
fossi	avessi	cantassi	mettessi	capissi
fosse	avesse	cantasse	mettesse	capisse
fossimo	avessimo	cantassimo	mettessimo	capissimo
foste	aveste	cantaste	metteste	capiste
fossero	avessero	cantassero	mettessero	capissero

fare	stare	andare	dire	dare
facessi	stessi	andassi	dicessi	dessi
facessi	stessi	andassi	dicessi	dessi
facesse	stesse	andasse	dicesse	desse
facessimo	stessimo	andassimo	dicessimo	dessimo
faceste	steste	andaste	diceste	deste
facessero	stessero	andassero	dicessero	dessero

(4) 접속법 대과거 동사 변화

: **'essere 또는 avere의 접속법 반과거 + 본동사의 과거분사'**

본동사가 자동사면 essere를 쓰고 과거분사 어미가 변화하며,
본동사가 타동사면 avere를 쓰고 과거분사 어미가 변화하지 않는다.
과거분사의 어미는 주어의 성수에 따라 결정된다

essere	avere	fare	stare
fossi stato/a	avessi avuto	avessi fatto	fossi stato/a
fossi stato/a	avessi avuto	avessi fatto	fossi stato/a
fosse stato/a	avesse avuto	avesse fatto	fosse stato/a
fossimo stati/e	avessimo avuto	avessimo fatto	fossimo stati/e
foste stati/e	aveste avuto	aveste fatto	foste stati/e
fossero stati/e	avessero avuto	avessero fatto	fossero stati/e

4. 접속법을 사용하는 경우

(1) 주절에 쓰이는 동사에 따라

① 자신의 생각 : pensare, credere, supporre, ritenere

예 Io penso che lui sia italiano (나는 그가 이탈리아인이라고 생각한다)

② 불안 : non essere sicuro, dubitare, avere il dubbio

예 Non siamo sicuri che lui sia italiano
(우리는 그가 이탈리아인인지 모르겠어)

③ 두려움 : avere paura / timore, temere

예 Io temo che tu ti sbagli (네가 실수할까봐 두렵다)

④ 기원 : sperare, augurare, aspettare, non vedere l'ora

예 I miei genitori sperano che io mi comporti bene

(우리 부모님은 내가 잘 행동하기를 바라신다)

⑤ 소원 : volere, preferire, desiderare

예 Voi volete che loro vengano da voi?

(너희들은 그들이 너희 집에 오길 원하니?)

⑥ 소문 : si dice, si racconta

예 Si dice che domani faccia bel tempo (내일 날씨가 좋을 거라고 한다)

⑦ 필요 : è necessario, è opportuno, occorre, bisogna

예 Bisogna che voi completiate il lavoro subito

(너희들은 일을 바로 완성해야 할 필요가 있다)

⑧ 명령 : proibire, ordinare, lasciare, permettere, pretendere

예 Lasciate che i vostri figli facciano quanto vogliono

(너희 자녀들이 하고 싶은 것을 하도록 놔둬라)

⑨ 추측 : può darsi, può essere

예 Può darsi che gli allievi siano già tornati a casa

(학생들은 이미 집으로 돌아갔을 거다)

⑩ 마음상태 : peccato, vergogna, dispiacere, rincrescere

예 Mi dispiace che le cose siano andate a finire così

(일이 그렇게 끝나서 유감입니다)

⑪ 판단 : è bello/brutto/giusto/ingiusto/facile/difficile/tempo/ora/possibile/impossibile/utile/inutile/meglio/peggio/strano

예 È inutile che ci proviate ancora (다시 도전해도 소용없다)

(2) 부사 접속사에 따라

① 목적 : affinché, perché, che (~하도록, ~하게 하기 위하여)

예 Io ho consigliato ad Irene che prenda la pausa a causa della gola gonfiata (이레네에게 부은 목을 위해 쉬도록 충고했다)

② 양보 : benché, sebbene, nonostante, malgrado, per quanto, ~que (dovunque, comunque, chiunque, quantunque, qualunque) (~임에도 불구하고)

예 Nonostante ci siano tante difficoltà, Raffaella ce la può fare
(많은 어려움이 있음에도, 라파엘라는 해낼 수 있을 것이다)

③ 조건 : a patto che, a condizione che, purché, nel caso che, basta che, sia che sia che, qualora (~하는 조건으로, ~하는 한)

예 A patto che Lei firmi il contratto, noi intraprenderemo il lavoro al più presto possibile
(당신이 계약서에 싸인하는 조건으로, 우리는 최대한 빨리 일을 착수할 것이다)

Sia che tu ci vada sia che non ci vada, per me è lo stesso
(네가 거기 가든 안 가든, 나한테는 똑같아)

④ 시간 : prima che, finché (~하기 전에, ~할 때까지)

예 Svegliami prima che squilli la sveglia! (알람 울리기 전 깨워줘!)

Il padre non sarà tranquillo finché non sia rivelata la verità riguardo a suo figlio
(아들에 관한 진실이 밝혀질 때까지 아버지는 안심하지 못할 것이다)

⑤ 배타 : senza che (~없이)

예 Dovresti risolvere senza che io ti aiuti (내 도움 없이 해결해야 한다)

⑥ 양태 : come se + 접속법 반과거 / 대과거 (마치 ~인 것처럼)

예 Fate come se foste a casa vostra! (너희 집인 것처럼 편하게 해라!)

Si sono comportati come se non fosse successo niente
(그들은 아무 일도 없었던 것처럼 행동했다)

⑦ 결과 : in modo (tale) che (~하도록, ~하는 식으로)

예 Perché non mi hai avvisato prima in modo tale che mi preparassi abbastanza? (내가 충분히 준비하도록 왜 미리 알려주지 않았니?)

(3) 문장 형태에 따라

① 주절이 부정문일 때

예 Non è che io mi sia arrabbiato, sono solo deluso
(난 화난 게 아니고, 실망했을 뿐이야)

② 접속사가 의문사일 때

예 Mi spieghi come si usi il riscaldamento?
(보일러 어떻게 사용하는지 설명해줄래?)

③ 선행사가 서열이나 유일함을 나타낼 때

예 Mia madre è l'unica che mi capisca (날 이해하는 사람은 엄마밖에 없어)

④ 비교급 문장이나 선행사가 최상급을 나타낼 때

예 Mio padre è l'uomo più intelligente che ci sia
(우리 아버지는 세상에서 가장 똑똑하신 분이다)

(4) 종속절이 접속법, 직설법일 때 차이

① 접속법이면 그것만 뜻함

예 Non bevo gli alcolici che fanno male
(술은 몸에 안 좋아서 아예 안 마신다 - 모든 술)
Non bevo gli alcolici che facciano male
(몸에 안 좋은 술만 안 마신다)

② 필요한 것이 확실히 있을 때는 직설법, 있는지 확실하지 않을 때는 접속법을 쓴다

예 Vorrei comprare una macchina che risparmia

(연료 절약되는 차를 사고 싶다 - 그런 차가 있음)

Vorrei comprare una macchina che risparmi

(연료 절약되는 차가 있다면 사고 싶다 - 있는지 확실치 않음)

(5) 독립절로 쓰이는 경우 기원문, 감탄문을 의미

① 접속법 현재 : 현재 실현 가능한 일

예 Dio ti benedica! (신의 가호가 있길!)

② 접속법 현재, 과거 : 현재 일에 대한 추측

예 Che Cristina stia in Sicilia? (크리스티나는 시칠리아에 있을까?)

Pietro non mi risponde al telefono di casa, che si sia già trasferito?

(피에트로가 집 전화를 안 받아, 벌써 이사 간 건가?)

③ 접속법 반과거 : 현재 실현 불가능한 일

예 Se avessi la tua età! (내가 네 나이라면 얼마나 좋을까!)

④ 접속법 대과거 : 과거 실현 불가능한 일

예 Se mi avessero aspettato un po'! (그들이 날 기다렸다면 좋았을 텐데!)

⑤ 접속법 반과거, 대과거 : 과거 일에 대한 추측

예 Stefano ed Elena non sono venuti in chiesa, che fossero già partiti per Roma?

(스테파노와 엘레나는 교회 오지 않았어, 벌써 로마로 떠났을까?)

(6) 주절이 조건법이면 종속절에 접속법 반과거 / 대과거가 온다 이때, 접속법 반과거는 주어와 시제가 같고 접속법 대과거는 주어보다 한 시제 앞선다

예 Io vorrei che tu ci provassi (난 네가 도전하면 좋겠어)

Io vorrei che tu ci avessi provato (난 네가 도전했기를 바래)

*단, dire, pensare 는 주절이 조건법이더라도 종속절에 접속법 현재 / 과거를 쓴다

예 Direi che sia bello rivederci (우리가 다시 만나면 좋을거라고 생각해)

Direi che sia stato bello rivederci

(우리가 다시 만났다면 좋았을거라고 생각해)

(7) 주절이 확실성을 나타내는 경우 종속절에 직설법이 온다
단, 종속절이 어두에 오는 경우 접속법이 온다

: è vero/ovvio/sicuro/evidente/noto/chiaro/certo/storico che
so/vedo/vi assicuro/giuro/scommetto che

예 È vero che Stella è passata all'ammisione del conservatorio?

Che Stella sia passata all'ammisione del conservatorio è vero?

(스텔라가 콘서바토리 입학시험에 합격한 것이 사실이니?)

(8) 주절의 동사가 접속법을 부르는 동사라고 하더라도
종속절의 사실이 객관적이고 정확한 사실인 경우 직설법을 쓴다.

예 Si dice che Giulio si sposa il 19 giugno

(쥴리오가 6월 19일에 결혼한다고 한다)

Godiamoci la vita
perché la vita si accontenti di noi!

(삶이 우리에게 만족하도록 우리는 삶을 즐기자!)

| 문제 |

1. 접속법 현재를 사용하여 고치시오

예 Non c'è nessuno che io (conoscere) → conosca

① Spero che la bambina (dormire) bene la notte →

② Non è possibile che voi non (potere) risolvere il problema →

③ È inutile che loro (adottare) un nuovo sistema →

④ Voglio che il nipote (arrivare) presto →

2. 접속법 반과거 / 대과거 형태를 사용하여 고치시오

예 Non immaginavo che tu (vivere) in Spagna → vivessi

① Ero curioso perché loro (lasciare) la patria →

② Bastava che voi mi (concedere) l'opportunità→

③ Era meglio che io vi (invitare) a cena →

④ L'isola di Capri era il posto più bello che io (vedere) →

3. 예문과 같이 고치시오

예 Vorrei ottenere la borsa di studio
→ Credevo che tu l'avessi già ottenuta

① Desidereremmo risolvere quel problema →

② Vorremmo finire la tesi entro quest'anno →

③ Vorrei partire per l'Italia →

④ Preferirei riposarmi almeno per un mese →

16 가정법

1. 공식

: 가정절 (종속절)과 결과절 (주절)로 이루어져 '~하면 ~할 텐데'의 의미

(1) **realtà, certezza (현실성, 확실성)**

: **'se + 직설법 현재, 직설법 현재'**

예 Se posso, vengo (갈 수 있으면, 갈게)

'se + 직설법 미래, 직설법 미래' 예 Se potrò, verrò

'se + 직설법 현재, 직설법 미래' 예 Se posso, verrò

'se + 직설법 미래, 직설법 현재' 예 Se potrò, vengo

(2) **possibilità, incertezza (가능성, 불확실성)**

: **'se + 접속법 반과거, 조건법 현재'**

예 Se fossi ricco, aiuterei i poveri (내가 부자라면, 가난한 이들을 도울텐데)

Se avessi la macchina, andrei in giro con te

(자동차가 있다면, 너랑 드라이브 갈 텐데)

(3) impossibilità (불가능성)

① '**se + 접속법 반과거, 조건법 현재**'

: 현재 실현 불가능, '~라면, ~일텐데'

예 Se avessi le ali, volerei da te (날개가 있다면, 네게 날아갈 텐데)

Se fossi in te, non mi comporterei così

(내가 너라면 그렇게 행동하지 않을 텐데)

② '**se + 접속법 대과거, 조건법 과거**'

: 과거 실현 불가능, '~했다면, ~했을 텐데'

예 Se ci fossimo fermati a Napoli qualche giorno in più, avremmo assaggiato la pizza napoletana

(우리가 나폴리에 며칠 더 머물렀다면, 나폴리 피자를 맛봤을 텐데)

Se aveste preparato un regalo anche per lui, non si sarebbe deluso così tanto (너희들이 그를 위해서도 선물을 준비했다면, 그가 그렇게 크게 실망하지 않았을 텐데)

③ '**se + 접속법 대과거, 조건법 현재**'

: 과거 행위가 현재까지 영향, '~했다면, 지금 ~할 텐데'

예 Se Paolo fosse tornato in tempo, ora lei sarebbe contenta

(파올로가 제 시간에 돌아왔다면, 지금 그녀가 기뻐할텐데)

Se avessi preso un caffè, non ti sentiresti stanco adesso

(네가 커피를 마셨다면, 지금 피곤하지 않을 텐데)

④ '**se + 접속법 반과거, 조건법 과거**'

: 현재 이어지는 상황과 과거의 결과, '~하면, ~했을 텐데'

예 Se fossimo soddisfatti della situazione, non avremmo scioperato

(우리가 상황에 만족한다면, 파업을 안 했을 텐데)

Se le due nazioni pensassero di essere amiche, non sarebbe scoppiata la guerra

(그들이 친구라고 생각한다면, 전쟁은 발발하지 않았을 텐데)

Se ognuno compisse il suo dovere, tutto andrebbe bene

(각자 할 일을 한다면, 모든 일이 잘될 텐데)

| 문제 |

1. 다음 예문과 같이 고치시오

예 Non lo vuole, perciò non lo fa → Se lo volesse, lo farebbe

① Non li ascoltano, perciò si sbagliano →

② Si ubriacano spesso, perciò hanno dei problemi di salute →

③ Non mangi di più, perciò dimagrisci →

④ Non studiate, perciò i vostri si preoccupano →

2. 다음 예문과 같이 고치시오

예 Avresti fatto meglio a tagliare i capelli

→ Avresti fatto meglio se avessi tagliato i capelli

① Avrei fatto meglio a svegliare i bambini →

② Avrebbe fatto meglio a diplomarsi al conservatorio →

③ Avremmo fatto meglio a conoscere Dio →

④ Avrebbero fatto meglio a sposarsi il mese prima →

3. 이탈리아어로 작문하시오

① 우리가 이탈리아인이라면, 이탈리아어를 잘할 텐데 →

② 그들이 사실을 폭로하지 않았다면, 아무도 몰랐을 텐데 →

③ 네 사랑을 만나지 않았다면, 지금처럼 행복하지 않을 텐데 →

④ 내가 너처럼 똑똑하면, 시험을 통과했을 텐데 →

17 관계대명사, 관계부사

1. 관계사란 선행사와 선행사를 수식하는 절을 연결해주는 접속사

2. 관계대명사

(1) che : 주격, 목적격으로 쓰인다

예 Silvio è un violinista famoso che viene dall'Italia (실비오는 이탈리아 출신의 유명한 바이올리니스트이다)

Il ragazzo che avete visto ieri è mio fratello (너희들이 어제 본 소년은 내 동생이다)

(2) quale

① 정관사와 결합하여 주격, 목적격으로 쓰인다

② 성수에 따라 변화한다 (il quale, i quali, la quale, le quali)

③ '전치사 + 정관사 + quale'는 '전치사 + cui'로 대체가능하다

예 Bellini, il quale era un famoso compositore italiano, compose tante arie antiche (유명한 이탈리아 작곡가인 벨리니는 많은 가곡을 작곡했다)

I suoi genitori, i quali vivono in campagna, sono francesi (시골에 사시는 그의 부모님은 프랑스인이다)

Quella è la ragazza della quale (=di cui) ti ho parlato giorni fa
(저 사람이 며칠 전 내가 네게 말했던 소녀다)

Il caffè, bavanda nella quale (=in cui) c'è la caffeina, caccia via il sonno (카페인 들어있는 음료인 커피는 잠을 쫓아낸다)

(3) cui

① '전치사 + cui'는 '전치사 + 정관사 + quale'로 대체가능하다

② '정관사 + cui + 명사'는 소유격의 의미를 지닌다

예 Vittoria è una mia amica a cui tengo molto (=alla quale)
(비토리아는 내가 정말 아끼는 친구이다)

Mozart, le cui musiche sono straordinarie, è viennese
(뛰어난 음악 작품을 남긴 모차르트는 비엔나 사람이다)

3. 복합 관계대명사 : 선행사를 포함한다

(1) chi

① ~하는 사람

② colui chc, colci chc, coloro chc 로 대체가능하다

예 Chi vuole, può rimanere (원하는 사람은 남아도 된다)

Non sopporto chi è maleducato (무례한 사람을 참을 수 없다)

(2) quanto

① 단수 : ~하는 것. (tutto) ciò che, (tutto) quello che로 대체가능

② 복수 : ~하는 사람 (quanti, quante), tutti quelli (coloro) che, tutte quelle (le persone) che

예 Facciamo quanto possiamo! (우리가 할 수 있는 건 다 해보자!)

Quanti vogliono, possono udire (원하는 사람은 모두 들어도 된다)

4. 관계부사

(1) dove : ~에 (a cui, in cui, su cui)

예 Questo è il libretto dove c'è tutto (이것은 모든 것이 다 적혀있는 책자이다)

(2) donde, onde : ~ 로부터 (da cui)

예 Non si sa donde tiri il vento (어디서 바람이 불어오는지 아무도 모른다)

(3) quando : ~ 할 때 (in cui)

예 Ti avviserò per primo quando giungeranno

(그들이 도착하면 너게 제일 먼저 알려줄게)

(4) dovunque : ~ 하는 곳마다

예 Io ti seguirò dovunque tu vada (네가 가는 곳이면 어디든지 따라갈 거야)

Chi ci prova, ci riesce!

(도전하는 자는 해낸다!)

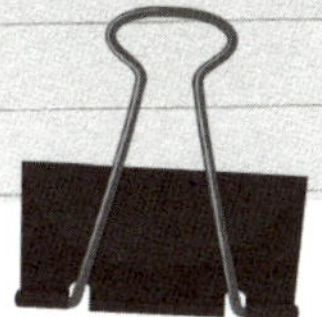

| 문제 |

1. 다음 예문과 같이 고치시오

예 Quel mare è Kwanganri, per la sua bellezza lo visitano tanti turisti

→ Quel mare, per la cui bellezza lo visitano tanti turisti, è Kwanganri

① Oggi Ornella viene da me, la sua professione è infermiera

→

② Hangang è il più grande fiume della Corea, sulle sue rive ci sono tanti appartamenti

→

③ Oggi il caffè è una cosa importante, il suo profumo ci fa sentire rilassati

→

④ Quel dottore è molto bravo, delle sue cure mi fido

→

2. 알맞은 복합 관계대명사로 바꾸시오

예 Coloro che non vogliono, possono andarsene

→ Chi non vuole, può andarsene

① Io non mi fido di tutto ciò che dice Lucia

→

② Colui che non vuole lavorare, non mangi!

→

③ Tutte le persone che sanno di quell'incidente, devono tacere

→

④ Coloro che vogliono laurearsi, devono mettercela tutta

→

3. 알맞은 관계사를 쓰시오

① La chiesa ________ ci siamo incontrati, si trova a Roma

② Quale è il motivo ________ non sei venuto alla riunione?

③ Potete prendere ________ volete

④ I miei allievi ________ studiano l'italiano con me vogliono andare in Italia

18 직설법 원과거 / 선립과거

1. 직설법 원과거 : 오래전 과거에 일어난 일로 현재에 영향을 끼치지 않는다

원과거 동사 변화

	essere	avere
io	**fui**	**ebbi**
tu	**fosti**	**avesti**
lui / lei / Lei	**fu**	**ebbe**
noi	**fummo**	**avemmo**
voi	**foste**	**aveste**
loro	**furono**	**ebbero**

	am**are**	tem**ere**	sped**ire**
io	am**ai**	tem**ei**	sped**ii**
tu	am**asti**	tem**esti**	sped**isti**
lui / lei / Lei	am**ò**	tem**è**	sped**ì**
noi	am**ammo**	tem**emmo**	sped**immo**
voi	am**aste**	tem**este**	sped**iste**
loro	am**arono**	tem**erono**	sped**irono**

fare	stare	dire	dare	bere
feci	stetti	dissi	diedi(detti)	bevvi
facesti	stesti	dicesti	desti	bevesti
fece	stette	disse	diede(dette)	bevve
facemmo	stemmo	dicemmo	demmo	bevemmo
faceste	steste	diceste	destc	beveste
fecero	stettero	dissero	diedero(dettero)	bevvero

예 Lo facemmo già tanto tempo fa (우리를 그걸 이미 예전에 했다)

Si amarono l'un l'altro per sempre (그들은 서로 영원히 사랑했다)

2. 선립 과거

(1) 공식 : 'essere 또는 avere의 원과거 + 본동사의 과거분사'

본동사가 자동사면 essere를 쓰고 과거분사 어미가 변화하며, 본동사가 타동사면 avere를 쓰고 과거분사 어미가 변화하지 않는다. 과거분사의 어미는 주어의 성수에 따라 결정된다.

(2) 원과거의 종속절로 원과거보다 한 시제 앞선다

(3) 주로 dopo che, appena, quando와 함께 시간부사 종속절에 쓰인다

예 Dopo che furono stati a Perugia, andarono a Napoli

(그들은 페루지아에 들른 후에, 나폴리로 갔다)

Appena lei ebbe saputo la verità, cominciò a fare le indagini

(그녀가 사실을 알자마자, 그녀는 조사에 착수했다)

Quando loro si furono preparati per uscire, chiamarono il tassì

(그들은 나갈 준비가 되었을 때, 택시를 불렀다)

Quando fu finito l'amore,
morii anch'io.

(사랑이 끝났을 때, 나도 죽었다.)

| 문제 |

1. 원과거와 대과거를 사용하시오

예 Gli consegno una cintura che ho comprato

→ Gli consegnai una cintura che cbbi comprato

① Preparo gli spaghetti per i bambini che me li hanno chiesti →

② Tu fai sapere la verità a loro perché l'hanno voluto →

③ Lei telefona a lui che l'ha chiamata la mattina →

④ Lui invita lei a visitare l'isola di Jeju che non ha visto mai →

2. 원과거와 대과거로 시간부사 종속절을 완성하시오

예 Appena mio fratello (sapere) il risultato, (correre) verso la casa

→ ebbe saputo, corse

① Appena loro (svegliarsi) la mattina, (vestirsi) →

② Dopo che lui (arrivare) a casa, (sdraiarsi) sul divano →

③ Quando lei (suonare) il violino, tutti (rimanere) a bocca aperta→

④ Appena voi (cominciare) a bere, (ubriacarsi) totalmente →

3. 알맞은 시제의 동사를 고르시오

① Ci pentimmo perché
(ci siamo sbagliati, ci sbagliammo, ci sbagliavamo)

② Lo spettacolo fu rimandato perché il protagonista
(è stato male, stava male, stette male)

③ Ci fu la luce dopo che Dio (diceva, ebbe detto, ha detto)

④ Non uscimmo di casa perché (pioveva, ha piovuto, piovve)

19 수동태

1. 태의 종류

(1) 능동태 : 주어가 다른 대상에게 영향을 끼칠 때

예 Daniele dirige l'azienda con molta capacità

(다니엘레는 아주 유능하게 회사를 운영한다)

(2) 수동태 : 주어가 다른 대상으로부터 영향을 받을 때

예 L'azienda è diretta con molta capacità da Daniele

(회사는 다니엘레에 의해 아주 유능하게 운영된다)

2. 수동태의 종류

(1) essere + 타동사의 과거분사

: 모든 시제 (단순, 복합)에 사용가능하다. 동작의 주체가 확실하거나 불특정 다수일 때 생략가능하다.

예 Le finestre sono chiuse la sera

(창문은 저녁에 닫힌다 - 저녁에는 창문을 닫는다)

(2) venire + 타동사의 과거분사

: 단순 시제에만 사용되며 주어 생략가능하다

예 L'ora di partenza verrà annunciata (출발시간이 공지될 것이다)

(3) andare + 타동사의 과거분사

: 단순 시제에만 사용되며 주어 생략가능하다. '~되어져야 한다'의 뜻

예 Il canone va seguito (규범은 지켜져야 한다)

3. 수동 si

: 3인칭 단수, 복수 동사와 함께 쓰이며,
복합 시제일 경우 보조사는 essere를 사용한다

예 In questo ristorante si mangia bene la bistecca
(이 레스토랑에서는 스테이크가 인기 있다)

In questo ristorante si mangiano bene i frutti di mare
(이 레스토랑에서는 해산물이 좋다)

Si sono bevuti tanti liquori (많은 술이 소비되었다-사람들이 많이 마셨다)

* In questa trattoria, si mangia bene (이 식당에서는 잘 먹을 수 있다)
- 여기서 si는 수동 si가 아니라 일반 si이다 (20과 참조)

I libri vanno letti soprattutto dai giovani

(누구보다도 젊은이들이 책을 많이 읽어야 한다)

| 문제 |

1. 능동태 문장을 수동태로 고치시오

예 Stamattina i bambini hanno chiamato i nonni

→ Stamattina i nonni sono stati chiamati dai bambini

① Eugenio darà una festa per la vittoria con Maria →

② Gli studenti dovrebbero seguire bene la lezione →

③ I candidati del concorso faranno un concerto al festival →

④ I ladri derubarono i soldi in una casa →

2. 수동 si 문장으로 바꾸시오

예 Il presidente eccezionale sarà eletto

→ si eleggerà

① Per quel lavoro <u>è richiesta</u> tanta pazienza →

② I pregiudizi <u>devono essere esclusi</u> in tutti gli aspetti →

③ I candidati selezionati <u>verranno annunciati</u> domattina →

④ Il sogno di Sergio <u>sarà avverato</u> a fine anno →

3. 수동태를 써서 작문하시오

① 자료들은 다음 달까지 법원에 보내져야 한다 →

② 이 가게에서 이탈리아 와인이 가장 잘 팔린다 →

③ 살을 빼려면, 밀가루를 덜 먹어야 한다 →

④ 내가 시험에 합격했다면, 고용되었을 텐데 →

20 비인칭 si (일반 si)

1. 비인칭 si : 일반적인 사람이 주어이며 '우리'를 지칭하기도 한다

(1) 동사는 3인칭 단수형만 쓰인다

예 Non si capisce nulla (아무도 이해 못 한다)

Si può entrare? (들어가도 될까요?)

Si va! (가자!)

Si mangia! (먹자!)

(2) 재귀동사와 함께 쓰일 때 비인칭 si는 ci로 변한다

예 Durante le vacanze, ci si alza tardi (휴가 때 사람들은, 늦게 일어난다)

Ci s'innamora, ma non ci si sposa sempre

(사랑에 빠진다고, 항상 결혼하는 것은 아니다)

(3) 형용사와 함께 쓰일 때 복수형이 온다

예 Si è soli ma si è felici (외롭긴 하지만 행복하다)

Si è orgogliosi e si è soddisfatti (자랑스러워하며 만족해한다)

(4) 복합 시제에서 보조사는 essere이며 타동사의 과거분사는 -o, 자동사의 과거분사는 -i이다

예 Si è lavorato e poi si è andati via (일한 후에 갔다)

Si è dimenticato e non si è venuti (잊어버리고 오지 않았다)

(5) 3인칭 복수 동사로 바꿀 수 있다

예 si dice → dicono, si racconta → raccontano (~라고들 말한다)

si fa → fanno, si mette → mettono, si parte → partono

Se ci si riposa abbastanza, ci si sente meglio

(충분히 쉬면, 컨디션이 더 좋다)

| 문제 |

1. 비인칭 si를 사용하여 쓰시오

예 Fanno lo sciopero per l'orario del treno → Si fa

① Studiano sodo per realizzare il sogno →

② Vanno in vacanza durante l'estate →

③ Informano tramite il telegiornale →

④ Lavorano per guadagnare i soldi →

2. 비인칭 si를 사용하시오

예 Si svegliano sempre tardi in vacanza → Ci si sveglia

① Si allenano con energia →

② Si vedono lunedì prossimo →

③ Non si pentono del passato →

④ Si adattano bene a Roma →

3. 비인칭 si를 사용하여 작문하시오

① 11시 기차를 타려면 9시에 집에서 출발해야 한다 →

② 그 피자집에서 아주 잘 먹었다 →

③ 익숙해진 후에 적응한다 →

④ 남아서 오랫동안 얘기 했다 →

21 제룬디오, 부정사, 분사 (현재 / 과거)

1. 제룬디오 (gerundio) : 시간, 상태, 수단, 이유, 조건, 양보의 뜻을 갖는다

(1) 종류

① 단순형 : **are → ando, ere → endo, ire → endo**

예 Sciarona suona il pianoforte cantando
(샤로나는 노래하면서 피아노를 친다)

② 복합형 : 단순형보다 한 시제 앞선다. **'essendo 또는 avendo + 과거분사'**. 이때 주어나 목적어에 따라 과거분사가 어미변화를 한다

예 Avendo finito lo studio, Micaela tornò a casa
(공부를 끝냈으므로, 미카엘라는 집으로 돌아갔다)
Essendo stata a lungo in Cina, Carla non si ricordò nulla
(카를라는 중국에 오래 머물렀는데도, 아무것도 기억하지 못했다)

(2) stare + 제룬디오 : 진행형의 의미를 갖는다

예 Sta arrivando il buio (어둠이 오고 있다)
Mi stavo preparando per uscire quando mi chiamò Orlando
(올란도가 내게 전화했을 때 나는 외출할 준비를 하고 있었다)

(3) andare + 제룬디오 : 동작의 반복이나 계속을 의미

예 Il pallone va rotolando (공이 계속 굴러간다)

2. 부정사 (동사원형)

(1) 종류

① 단순형 : **are, ere, ire**

예 Star bene è la cosa più importante nella vita
(잘 사는 것이 삶에서 제일 중요하다)

② 복합형 : **'essere 또는 avere + 과거분사'**. 이때 주어나 목적어에 따라 과거분사가 어미변화를 한다

예 Dopo essermi alzato, uscii di casa (일어난 후에, 집에서 나갔다)

(2) 용법

① 주어, 보어로 쓰인다

예 Sapere è il potere (아는 것이 힘이다)

② 전치사와 함께 명사로 쓰인다

예 Con il leggere, si impara (독서 하면서 배운다)

③ 지각 동사 (vedere, ascoltare, sentire 등)와 결합한다

예 Sento cantare qualcuno fuori (밖에서 누군가의 노래가 들린다)

④ 사역 동사 (fare)와 결합하여 '~하도록 하다'의 뜻으로 쓰인다

(a) fare + 자동사 + qualcuno

: 'qualcuno가 ~하게 하다'. 이때, qualcuno는 자동사의 주어

예 Facciamo venire anche Maddalena (막달레나도 오라고 하자)

(b) fare + 타동사 + 목적어 + a qualcuno

: 'qualcuno에게 ~를 하게 하다'

예 Facciamo organizzare tutti i piani a Lorenzo che conosce bene bei posti!
(멋진 장소에 대해 잘 알고 있는 로렌조에게 모든 계획을 맡기자!)

(c) farsi + 타동사 + 목적어 + da qualcuno

: '자신에게 qualcuno가 ~를 하게 하다'

예 Gianni si fa fare un regalo dalla sua ragazza (잔니는 여자 친구한테 선물해 달라고 한다)

3. 분사

(1) 종류

① 현재분사 : **are - ante, ere - ente, ire - ente**

예 Un giorno divertente (즐거운 어느 날)

② 과거분사 : **are - ato, ere - uto, ire - ito**

주어나 목적어에 따라 과거분사가 어미변화를 한다

과거분사는 주절과 같은 시제이거나 한 시제 앞선다

예 Spenta la luce, i bambini rimasero zitti

(불이 꺼지자, 아이들이 조용해졌다)

Finite le risorse, noi entrammo nei guai

(자원이 고갈되자, 우리는 곤경에 빠졌다)

Compiuto l'impegno, lui andò a letto

(임무를 완성한 후, 그는 자러 갔다)

Accesi i lampadini, voi vi svegliaste subito

(조명들을 켜자, 너희들은 바로 깼다)

Leggendo tanti libri, si diventa intelligenti

(책을 많이 읽으면, 똑똑해진다)

| 문제 |

1. 제룬디오 문장으로 바꾸시오

예 Se vuoi, puoi venire → Volendo

① Se fate in quel modo, ve ne pentirete →

② Se loro ti potessero capire, potresti chiedergli →

③ Anche se non riuscissimo a passare l'esame,
Ci sarebbero comunque altre occasioni →

④ Se avessi tanta esperienza, non avrei paura →

2. 부정사로 바꾸시오

예 Dopo che lui fu arrivato a Parigi, andò a vedere la Torre Effel → Dopo esser arrivato a Parigi

① Dopo che mi fui trasferita a Milano, ebbi tanta nostalgia del mio paese →

② Dopo che avemmo sentito il risultato, ci sentimmo felici →

③ Dopo che avrà capito tutto, si scuserà →

④ Dopo che saranno tornati a casa, si sdraieranno sul divano →

3. 분사로 고치시오

예 Quando scoppiò la guerra, la gente temè → Scoppiata la guerra

① Quando si sposarono, si resero conto dello sbaglio →

② Quando arrivaste sull'isola di Capri, rimaneste a bocca aperta →

③ Dopo che gli ospiti furono giunti, i padroni di casa corsero a braccia aperte→

④ Dopo che ebbero bevuto tanta birra, si ubriacarono totalmente →

22 비교급, 최상급

1. 형용사의 비교급

(1) 우등 : **più ~ di** (che)

예 Marcello è più alto di Paolo (마르첼로는 파올로보다 키가 크다)

(2) 열등 : **meno ~ di** (che)

예 Paolo è meno alto di Marcello (파올로는 마르첼로보다 키가 작다)

(3) 동등 : **tanto ~ quanto, così ~ come**

예 La grammatica è tanto importante quanto la conversazione
La conversazione è così importante come la grammatica
(문법은 회화만큼 중요하다)

* di와 che 비교

: di는 주어와 상대를 비교할 때, che는 주어를 두 관점에서 비교할 때

예 L'acqua è più importante del cibo (물은 음식보다 중요하다)
L'acqua è più essenziale che importante (물은 중요하다기 보다 필수이다)

2. 형용사의 최상급

(1) 상대적 최상급

① 우등 : '정관사 + 명사 + più+ 형용사 + di / fra / tra ~'

예 L'Italia è la nazione più bella del mondo

(이탈리아는 세상에서 가장 아름다운 나라이다)

② 열등 : '정관사 + 명사 + meno + 형용사 + di / fra / tra ~'

예 Simona è la ragazza meno diligente fra tutti

(시모나는 우리 중에 가장 게으르다)

(2) 절대적 최상급 : ~issimo, molto / tanto / assai~

예 È difficilissimo vincere il concorso (콩쿨에서 우승하는건 매우 어렵다)

È molto / tanto / assai difficile vincere il concorso

비교급, 최상급 표

원급	비교급	최상급
buono	**migliore**	**ottimo**
cattivo	**peggiore**	**pessimo**
alto	**superiore**	**supremo**
basso	**inferiore**	**infimo**
grande	**maggiore**	**massimo**
piccolo	**minore**	**minimo**

L'uomo più saggio di tutti
è quello che conosce bene se stesso

(가장 훌륭한 사람은 자신을 자랑스럽게 여기는 사람이다)

| 문제 |

1. 비교급 문장으로 고치시오

예 È più delicata Ada o Tina? → Ada è più delicata di Tina

① È più piccolo tuo fratello o tua sorella? →

② È più utile la macchina o la bicicletta? →

③ È più famoso Mozart o Salieri? →

④ È meno dolce il miele o lo zucchero? →

2. 최상급 문장으로 고치시오

예 È un ragazzo pigro → È il ragazzo più pigro del mondo

① È una maestra brava →

② È un'isola bella →

③ È una casa costosa →

④ È un'allieva carina →

3. 작문하시오

① 나는 새 책보다 헌책이 좋다 →

② 그녀는 내 학생들중 가장 뛰어나다 →

③ 그를 보면 볼수록 궁금해진다 →

④ 커피는 몸에 좋다기보다 맛있다 →

23 화법의 전환 (직접화법 / 간접화법)

1. 직접화법이란 다른 사람의 화법(말)을 그대로 옮기는 것이며 간접화법이란 다른 사람의 화법(말)을 종속절로 전환하여 옮기는 것이다.

2. 화법을 전환할 때는 주어, 동사의 인칭, 소유격, 지시 대명사, 시간, 장소, 부사구 등을 전환해야 하며 특히 동사의 시제 변화에 유의한다.

3. 동사 시제의 변화

(1) 주절의 동사가 과거시제일 경우 종속절의 동사변화

직접화법	→	간접화법
직설법 현재, 반과거	→	직설법 반과거
직설법 근과거, 원과거, 대과거	→	직설법 대과거
직설법 미래	→	조건법 과거
조건법 현재, 과거	→	조건법 과거
접속법 현재, 반과거	→	접속법 반과거
접속법 반과거, 대과거	→	접속법 대과거

예 La mamma mi chiese : "Dormi?" (엄마는 내게 "자니?"라고 물어보셨다)

→ La mamma mi chiese se dormivo (엄마는 내가 자는지 물어보셨다)

La mamma mi chiese : "Hai dormito?" (엄마는 내게 "잤니?"라고 물어보셨다)

→ La mamma mi chiese se avevo dormito
(엄마는 내가 잤는지 물어보셨다)

La mamma mi chiese : "Dormirai?" (엄마는 내게 "잘거니?"라고 물어보셨다)

→ La mamma mi chiese se avrei dormito (엄마는 내가 잘건지 물어보셨다)

La mamma mi chiese : "Andresti al mare con tuo zio?"
(엄마는 내게 "삼촌과 바닷가에 갈래?"라고 물어보셨다)

→ La mamma mi chiese se sarei andato al mare con mio zio
(엄마는 내가 삼촌과 바닷가에 갈건지 물어보셨다)

La mamma mi chiese :
"Non sarebbe bello se tu e lo zio andaste al mare insieme?"
(엄마는 내게 "삼촌과 바닷가에 가는게 좋지 않을까?"라고 물어보셨다)

→ La mamma mi chiese se non fosse bello se io e lo zio andassimo al mare insieme
(엄마는 내가 삼촌과 바닷가에 같이 가는게 좋지 않은지 물어보셨다)

La mamma mi chiese :
"Non sarebbe stato bello se tu e lo zio foste andati al mare insieme?"
(엄마는 내게 "삼촌과 바닷가에 갔더라면 좋지 않았을까?"라고 물어보셨다)

→ La mamma mi chiese se non fosse stato bello se io e lo zio fossimo andati al mare insieme
(엄마는 내가 삼촌과 바닷가에 갔더라면 좋지 않았을까 물어보셨다)

(2) 명령문 : 종속절에 접속법을 쓴다

예 Il papà dice : "Stasera mangio fuori"
(아빠가 내게 말씀하신다 "오늘 저녁 외식할 거야")
→ Il papà dice che stasera mangia fuori
(아빠가 오늘 저녁 외식할거라고 내게 말씀하신다 - 평서문)

Il papà mi ordina : "Rimani a casa!"
(아빠가 내게 말씀하신다 "집에 있어라!")
→ Il papà mi ordina che io rimanga a casa
(아빠가 내게 집에 있으라고 명령하신다 - 명령문)

Il papà mi ordinò: "Rimani a casa!"
(아빠가 내게 명령하셨다 "집에 있어라!")
→ Il papà mi ordinò che io rimanessi a casa
(아빠가 내게 집에 있으라고 명령하셨다 - 명령문)

(3) 의문문 : 의문사가 접속사로 올 경우 접속법을 쓴다

예 Sofia mi domanda : "Perché lo fai?"
(소피아가 내게 "그걸 왜 하니?"라고 묻는다)
→ Sofia mi domanda perché lo faccia
(소피아가 내게 그걸 왜 하냐고 묻는다)

Sofia mi domandò: "Perché lo fai?"
(소피아가 내게 "그걸 왜 하니?"라고 물었다)
→ Sofia mi domandò perché lo facessi
(소피아가 내게 그걸 왜 하냐고 물었다)

Sofia mi domandò: "Perché l'hai fatto?"
(소피아가 내게 "그걸 왜 했니?"라고 물었다)
→ Sofia mi domandò perché l'avessi fatto
(소피아가 내게 그걸 왜 했냐고 물었다)

Napoleone esclamò
'Niente è impossibile nella mia vita!'
(나폴레옹은 삶에서 불가능이란 없다고 말했다)

| 문제 |

1. 다음 예문과 같이 직접화법을 간접화법으로 고치시오 (직설법 현재)

예 "Io non vado a scuola oggi"

→ Lei dice che non va a scuola oggi

① "I miei genitori vivono vicino al mare"

→

② "Io e mio marito verremo a teatro per vedere un concerto"

→

③ "Io mi alzo alle 6 ogni mattina"

→

④ "Mi piace stare da sola"→

2. 다음 예문과 같이 고치시오 (접속법)

예 Il maestro ordina : "Ragazzi, state zitti!"

→ Il maestro ordinò che i ragazzi stessero zitti

① Il maestro ordina : "Ragazzi, preparatevi per gli esami!"

→

② Il maestro ordina : "Ragazzi, fate il meglio!"

→

③ Il maestro ordina : "Ragazzi, siate puntuali!"

→

④ Il maestro ordina : "Ragazzi, rispettate i vostri genitori!"

→

3. 다음 예문과 같이 고치시오 (조건법)

예 "Domani sarà sereno"

→ Maria pensava che l'indomani sarebbe stato sereno

① "Io mi fermerò quanto voglio"→

② "Non me ne pentirò di quello che ho fatto"→

③ "Diventando mamma, lo capirò"→

④ "Un giorno il mio sogno si avvererà" →

연습문제 해답

감수 정방실

1과

1. 예 엄마 어디 계시니? ② 엄마는 내 오빠 (남동생)과 부엌에 계셔

2. ① caro ② meravigliosa, interessante
③ famoso, gustoso ④ difficile

3. 예 나는 한국인이다 → 우리는 한국인이다
① voi siete studenti ② noi siamo carine
③ loro sono molto gentili ④ Loro sono alte
* Loro는 그들인 동시에 존칭 복수이다

2과

1. ① una, un ② un, il ③ Il ④ Uno

2. ① I padroni di casa sono italiani
② Quei padroni di casa sono molto gentili
③ Le strade per casa mia sono strette
④ Queste strade sono sempre pulite

3. ① i dolci sono molto buoni
② noi abbiamo una bella macchina
③ queste sono le gonne di mia zia
④ quegli amici sono tanto simpatici

3과

1. ① comincia, comincia ② finisci, finisco

③ dormite, dormiamo ④ ama, amano

2. 나는 로마에 살며, 10년째 거기서 살고 있다. 나는 이탈리아 친구들이 많고 그들은 매우 좋은 사람들이다. 나와 함께 저녁을 먹으려고 레스토랑에 종종 나를 초대한다. 우리는 아주 즐겁게 레드와인을 먹고 마시며 수다를 떤다.
abito, a, vivo, da, ho, sono, invitano, al, per
mangiamo, chiacchieriamo, col, con

3. Guido는 작가이다. 그는 글 쓰는 것을 사랑하며 시, 수필, 신문 기사 등을 쓴다. 그는 그의 일과 자기 자신에 대해 자부심을 느끼며 계속 글을 쓴다, 왜냐하면 글 쓰는 것은 예술작품을 만드는 것이기 때문이다.
ama, scrive, pensa, essere, continua, scrivere, scrivere, fare

4과

1. 예 몇 시에 출발하니? → 8시 20분에 출발해
① Pranzo all'una
② Vado a dormire circa alle undici e trenta
③ La farmacia apre alle nove in punto
④ Il film comincia alle tre e tre quarti / quarantacinque

2. ① Ha diciotto anni / Ne ha diciotto
② Costa ventottomila won
③ Arrivano alle sei e quarantacinque di sera
④ Ne fumo circa quindici

3. Io vado dai miei genitori ogni sabato. Loro vivono in campagna.
Io prendo il treno delle nove di mattina e arrivo alle undici.
Parliamo del più e del meno e pranziamo insieme.
Torno con il treno delle sei di sera
e ceno da solo e poi vado a letto.

5과

1. ① Conosci → Sai ② Ci sono → C'è
   ③ Sapete → Conoscete ④ andare → venire
   * 상대방에게 갈 때는 '오다'라는 표현을 쓴다

2. ① sai ② vogliono ③ fa ④ diamo

3. ① Finisco di studiare a mezzanotte
   ② Abita da trent'anni a Seoul
   ③ Perché dobbiamo arrivare in puntuali a scuola
   ④ Bussano alla porta i vicini di casa

6과

1. 예 내 목도리 어디 있니? → 네 목도리는 책상 위에 있어
   ① Il mio è in ufficio ② Il nostro è in negozio
   ③ I miei sono nell'aula ④ I nostri sono in salotto

2. 예 내 치마는 파란색이다
   ① Nostro ② Il loro ③ I tuoi ④ Il Suo

3. 나는 딸이 하나 있고 그녀의 이름은 소니아이다. 그녀의 꿈은 수의사가 되는 것인데, 왜냐하면 그녀는 동물을 매우 사랑하기 때문이다. 나는 그녀의 소망을 존중하며 그녀의 힘과 의지를 믿는다.
   ho, suo, suo, piacciono, rispetto, suoi, ho, sua, sua

7과

1. 예 나는 시골에 간다 → 나는 그저께 시골에 갔다
   ① Ieri abbiamo discusso tutta la notte
   ② L'estate scorsa siamo stati al mare
   ③ Lunedì scorso avete avuto un sacco di cose da fare?
   ④ Mio padre ha sempre amato mia madre

2. 예 쥴리아는 로마로 떠나길 원한다 → 쥴리아는 로마로 떠나길 원했다
   ① Veronica è potuta arrivare in puntuali in chiesa
   ② Chionia, sei dovuta stare in ufficio?
   ③ Chionia e Veronica sono volute restare al bar a lungo
   ④ Giulia non è potuta stare tranquilla

3. 어제저녁 내 여조카는 아이스크림을 많이 먹었고 밤에 복통이 있었다.
   응급차를 부르길 원했지만, 핸드폰을 찾을 수가 없었다.
   그래서 밤새도록 아팠다.
   ha mangiato, ha avuto, ha voluto, ha trovato, è stata

8과

1. 예 아직 그 영화 안 봤니? → 응, 나중에 볼거야
   ① No, ci andrò più tardi
   ② No, lo manderemo più tardi
   ③ No, li avviserò più tardi
   ④ No, ci arriveranno più tardi

2. 예 먼저 먹고 그 후에 신문을 읽어라 → 먹은 후에, 신문을 읽어라
   ① Dopo che avrete finito il lavoro, uscirete
   ② Dopo che avremo telefonato alla mamma, spediremo il regalo
   ③ Dopo che avranno preso la medicina, dormiranno
   ④ Dopo che avrà bussato alla porta, l'aprirà

3. 다음 주 월요일 실비아는 콘서트에서 노래할 것이다.
그날 하루가 시작되자마자 그녀는 산책을 할것이다.
식사를 마친 후에는 30분간 연습을 할 것이다.
그리고 하루종일 충분히 물을 마실 것이다.
극장에 도착하면 연주 전 리허설을 할 것이다.
그녀는 무대 위에서 아주 잘 할것이다!
canterà, sarà cominciata, passeggerà, avrà finito,
eserciterà, berrà, sarà arrivata, farà, sarà

9과

1. ⓔ 볼로냐에서 잘 지내니? → 응, 거기서 아주 잘 지내
① Sì, si alza presto la mattina ② Sì, ci fermiamo a lungo qui
③ Sì, vogliamo riposarci un po' ④ Sì, potete sedervi là

2. ⓔ 내 조카는 대학을 졸업하기 원한다 → 내 조카는 대학을 졸업하기 원했다
① Noi abbiamo voluto riposarci sul divano
/ Noi ci siamo voluti riposare sul divano

② Mia cugina ha dovuto trasferirsi a Milano
/ Mia cugina si è dovuta trasferire a Milano

③ Tu e il tuo ragazzo avete potuto sposarvi in aprile
/ Tu e il tuo ragazzo vi siete potuti sposare in aprile

④ Le mie sorelle hanno dovuto pentirsi dei loro sbagli
/ Le mie sorelle si sono dovute pentire dei loro sbagli

3. 밀로는 오스트리아인이다. 한국을 두 번 방문했다.
두 번째에, 잔나를 알게 되었다.
그들이 만났을 때, 그들은 서로 첫눈에 반해서 사랑에 빠졌다.
그 이후로, 그들은 절대 헤어지지 않았으며, 영원히 함께 할것이다.
ha visitato, è venuto, si sono incontrati,

si sono innamorati, si sono lasciati

10과

1. 예 미안한데, 펜 하나 있니? → 응, 있어, 자!
   ① Sì, ce le ho, eccole!
   ② Sì, ce li ho, eccoli!
   ③ Sì, ce le ho, eccole!
   ④ Sì, ce l'ho, eccolo!

2. 예 조부모님께 텔레그램을 보내니? → 응, -그들에게 그것을- 지금 보내
   ① Sì, gliela chiedo adesso
   ② Sì, gliele prepariamo adesso
   ③ Sì, glielo consegniamo adesso
   ④ Sì, glieli fanno adesso

3. 예 마리엘라는 여행하는 것과 국제 마그네틱 수집하는 것을 좋아한다.
   그녀는 여행하는 곳마다 그것을 사며 그녀의 아이들을 위해서도 산다.
   그들은 그녀로부터 그것들을 받는 것을 좋아한다.
   마리엘라가 여행에서 집으로 돌아오면, 아이들이 그녀를 기다리고 있고
   바로 그것들을 보기 원한다. 그것들(마그네틱)은 그녀에게 많은 멋진 경험들을
   생각나게 하며 그녀에게 그것들(멋진경험)을 영원히 기억하게 할 것이다.
   le, le, Gli, le (riceverle - 동사에 붙일 것), l'(la 축약), le, gliele

11과

1. 예 아침 벌써 먹었니? → 아니, 아직 안 먹었어
   ① No, non l'abbiamo ancora prenotato
   ② No, non li hanno ancora finiti
   ③ No, non le ho ancora risolte
   ④ No, non le ha ancora comprate

2. 예 디저트 몇 개 먹었니? → 세 개 먹었어
   ① Ne ho comprata una
   ② Ne ho letti tanti
   ③ Ne abbiamo portate cinque

④ Non ne abbiamo salutata nessuna

3. A : Hai parlato di quel problema ai tuoi genitori?
B : No, non gliene ho ancora parlato
A : Perché?
B : Perché si preoccuperanno
A : Ma.. sarà meglio parlargliene
B : Sì, è vero, allora gliene parlerò stasera
A : Non te ne preoccupare, tutto andrà bene!
B : Grazie mille!

12과

1. 예 그는 술 마실 때마다, 많이 취한다
→ 그는 술 마실 때마다, 많이 취했다
① Ogni volta che ti chiamavo, trovavo la linea occupata
② Ogni volta che ci incontravamo, ci salutavamo
③ Ogni volta che lei passava per via Tuscolana, lo vedeva
④ Ogni volta che davano un esame, sbagliavano tutto

2. ① avevo, andavo ② ha comprato, costava
③ ti sentivi, portavo ④ stavamo, è andata

3. 태초에 하나님이 하늘과 땅을 창조하셨다. 땅은 불안정하고 공허했다.
그리고 흑암이 심연 위로 드리웠다.
하나님의 영은 수면 위에 머물러 있었다.
그 후 하나님이 "빛이 있으라!"라고 말씀하시니, 빛이 있었다.
ha creato, era, coprivano, alleggiava, ha detto

13과

1. 예 인내심을 가져야 한다 → 인내심을 가져라!
   ① Stà attento! ② Avvisate i genitori!
   ③ Lo mandi subito! ④ Abbiamo fiducia in loro!

2. 예 그거 먹어! → 그거 먹지 마!
   ① Non alzatevi! / Non vi alzate!
   ② Non lo finisca adesso!
   ③ Non lo spediscano domani!
   ④ Non salutiamoci! / Non ci salutiamo!

3. 예 그거 내일까지 해! → 그거 내일까지 하세요!
   ① Me lo dica adesso!
   ② Ci pensi attentamente!
   ③ Ce lo faccia sapere quando viene a saperlo!
   ④ Glielo spedisca stasera perché non ha tempo!

14과

1. 예 나한테 빌려줄 펜 하나 있니?
   ① Domani verresti da me?
   ② Avreste un po' di tempo?
   ③ Saresti gentile da prestarmi il cellulare?
   ④ Sarebbe difficile risolverlo?

2. 예 내 고향 로마에 돌아가고 싶다 → 내 고향 로마에 돌아가고 싶었는데
   ① Elena sarebbe stata contenta di stare vicino al mare
   ② Leo e Gioanna avrebbero avuto piacere di vedermi dopo tanto tempo
   ③ Rania, ti saresti sentita meglio a casa?
   ④ Giulia e la sua famiglia sarebbero andate in vacanza a Dokdo

3. ① Sofia mi ha detto che sarebbe tornata in Svizzera una settimana dopo
② Noi saremmo voluti rimanere a Parigi, ma non era possibile
③ Io sarei venuto volentieri alla tua festa di compleanno. ma avrei un impegno da finire entro stasera
④ Caterina avrebbe partecipato alla gara di maratona in Italia anche l'anno scorso, ma stava male

15과

1. 예 내가 아는 사람이 아무도 없다
① dorma ② possiate ③ adottino ④ arrivi

2. 예 네가 스페인에 살거라고 생각 못했어
① avessero lasciato ② concedeste
③ invitassi ④ avessi visto

3. 예 나는 장학금을 받고 싶어 → 난 네가 이미 받은줄 알았어
① Credevo che voi l'aveste già risolto
② Credevo che voi l'aveste già finita
③ Credevo che tu fossi già partito
④ Credevo che tu ti fossi già riposato

16과

1. 예 그는 그것을 원하지 않는다, 그래서 하지 않는다
→ 그가 그걸 원한다면, 할 텐데
① Se li ascoltassero, non si sbaglierebbero
② Se non si ubriacassero spesso, non avrebbero dei problemi di salute

③ Se mangiassi di più, non dimagriresti
④ Se studiaste, i vostri non si preoccuperebbero

2. 예 머리를 깎았다면 더 나았을 텐데
① Avrei fatto meglio se avessi svegliato i bambini
② Avrebbe fatto meglio se si fosse diplomato al conservatorio
③ Avremmo fatto meglio se avessimo conosciuto Dio
④ Avrebbero fatto meglio se si fossero sposati il mese prima

3. ① Se fossimo italiani, parleremmo bene italiano
② Se non avessero rivelato la verità, nessuno l'avrebbe saputa
③ Se tu non avessi incontrato il tuo amore, non saresti così felice come adesso
④ Se io fossi intelligente come te, avrei superato l'esame

17과

1. 예 많은 관광객들이 아름다움에 반해 찾는 그 바다는 광안리이다
① Oggi Ornella, la cui professione è infermiera, viene da me
② Hangang, sulle cui rive ci sono tanti appartamenti, è il più grande fiume della Corea
③ Oggi il caffè, il cui profumo ci fa sentire rilassati, è una cosa importante
④ Quel dottore, delle cui cure mi fido, è molto bravo

2. 예 원하지 않는 사람들은 가도 좋습니다
① Io non mi fido di quanto dice Lucia
② Chi non vuole lavorare, non mangi!
③ Quante sanno di quell'incidente, devono tacere
④ Chi vuole laurearsi, deve mettercela tutta
*2-④ ci는 재귀대명사가 아니라 장소부사이다

3. ① dove ② per cui ③ quanto ④ che / i quali

18과

1. 예 내가 산 벨트를 그에게 보낸다 → 내가 샀던 벨트를 그에게 보냈다
   ① Preparai gli spaghetti per i bambini che me li ebbero chiesti
   ② Facesti sapere la verità a loro perché l'ebbero voluto
   ③ Lei telefonò a lui che l'ebbe chiamata la mattina
   ④ Lui invitò lei a visitare l'isola di Jeju che non ebbe visto mai

2. 예 나의 오빠는 결과를 알자마자 집으로 뛰어갔다
   ① si furono svegliati, si vestirono
   ② fu arrivato, si sdraiò
   ③ ebbe suonato, rimasero
   ④ aveste cominciato, vi ubriacaste

3. ① ci sbagliammo ② stava male
   ③ ebbe detto ④ pioveva

19과

1. 예 오늘 아침 아이들이 조부모님께 전화 했다
   ① Una festa per la vittoria verrà(sarà) data da Eugenio con Maria
   ② La lezione dovrebbe essere seguita bene dagli studenti (andrebbe seguita)
   ③ Un concerto sarà(verrà) fatto dai candidati del concorso al festival
   ④ I soldi furono derubati dai ladri in una casa

2. 예 훌륭한 대통령이 당선될 것이다
   ① si richiede ② si devono escludere
   ③ si annunceranno ④ si avvererà

3. ① I documenti vanno spediti al tribunale entro il mese prossimo
   (si devono spedire / devono essere spediti)

② In questo negozio si vendono di più i vini italiani
(sono venduti / vengono venduti)
③ Per dimagrire, va mangiata di meno la farina
(si deve mangiare / deve essere mangiata)
④ Se avessi superato l'esame, sarei stato assunto

20과

1. 예 기차 시간표 때문에 파업을 한다
① Si studia ② Si va
③ Si informa ④ Si lavora

2. 예 휴가 중에는 다들 항상 늦게 일어난다
① Ci si allena ② Ci si vede
③ Non ci si pente ④ Ci si adatta

3. ① Si deve partire alle 9 da casa per prendere il treno delle 11
② Si è mangiato molto bene in quella pizzeria
③ Ci si abitua e poi ci si adatta
④ Si è rimasti e si è parlato a lungo

21과

1. 예 네가 원하면, 와도 되
① Facendo in quel modo ② Potendoti capire
③ Non riuscendo a passare l'esame ④ Avendo tanta esperienza

2. 예 그는 파리에 도착한 후에, 에펠탑을 보러갔다
① Dopo essermi trasferita a Milano
② Dopo aver sentito il risultato
③ Dopo aver capito tutto
④ Dopo esser tornati a casa

3. 예 전쟁이 발발했을 때, 사람들은 떨었다
① Sposatisi
② Arrivati sull'isola di Capri
③ Giunti gli ospiti
④ Bevuta tanta birra

22과

1. 예 아다와 티나 중 누가 더 섬세하니? → 아다가 티나보다 더 섬세해
① Mio fratello è più piccolo di mia sorella
② La macchina è più utile della bicicletta
③ Mozart è più famoso di Salieri
④ Il miele è meno dolce dello zucchero

2. 예 그는 게으른 소년이다 → 그는 세상에서 가장 게으른 소년이다
① È la maestra più brava del mondo
② È l'isola più bella del mondo
③ È la casa più costosa del mondo
④ È l'allieva più carina del mondo

3. ① Mi piacciono più i libri vecchi che i nuovi
② Lei è l'allieva più brava fra tutti i miei allievi
③ Più lo vedo, più mi incuriosisco di lui
④ Il caffè è più delizioso che buono per la salute

23과

1. 예 "나는 오늘 학교 안 가" → 그녀는 오늘 학교에 안 간다고 말한다
   ① Lei dice che i suoi genitori vivono vicino al mare
   ② Lei dice che lei e suo marito andranno a teatro per vedere un concerto
   ③ Lei dice che si alza alle 6 ogni mattina
   ④ Lei dice che le piace stare da sola

2. 예 선생님이 명령하신다 "얘들아, 조용히 하렴!"
   → 선생님이 아이들에게 조용히 하라고 명령 하셨다
   ① Il maestro ordinò che i ragazzi si preparassero per gli esami
   ② Il maestro ordinò che i ragazzi faccessero il meglio
   ③ Il maestro ordinò che i ragazzi fossero puntuali
   ④ Il maestro ordinò che i ragazzi rispettassero i loro genitori

3. 예 "내일은 날씨가 맑을 거야"
   → 마리아는 그 다음 날 날씨가 맑을거라고 생각했다
   ① Maria pensava che si sarebbe fermata quanto voleva
   ② Maria pensava che non se ne sarebbe pentita di quello che aveva fatto
   ③ Maria pensava che diventando mamma, l'avrebbe capito
   ④ Maria pensava che un giorno il suo sogno si sarebbe avverato

동사 변화표

essere

인칭	직설법			
	현재	근과거	반과거	대과거
io	sono	sono stato(a)	ero	ero stato(a)
tu	sei	sei stato(a)	eri	eri stato(a)
egli	è	è stato(a)	era	era stato(a)
noi	siamo	siamo stati(e)	eravamo	eravamo stati(e)
voi	siete	siete stati(e)	eravate	eravate stati(e)
essi	sono	sono stati(e)	erano	erano stati(e)
	원과거	선립과거	미래	선립미래
io	fui	fui stato(a)	sarò	sarò stato(a)
tu	fosti	fosti stato(a)	sarai	sarai stato(a)
egli	fu	fu stato(a)	sarà	sarà stato(a)
noi	fummo	fummo stati(e)	saremo	saremo stati(e)
voi	foste	foste stati(e)	sarete	sarete stati(e)
essi	furono	furono stati(e)	saranno	saranno stati(e)

인칭	접속법			
	현재	근과거	반과거	대과거
io	sia	sia stato(a)	fossi	fossi stato(a)
tu	sia	sia stato(a)	fossi	fossi stato(a)
egli	sia	sia stato(a)	fosse	fosse stato(a)
noi	siamo	siamo stati(e)	fossimo	fossimo stati(e)
voi	siate	siate stati(e)	foste	foste stati(e)
essi	siano	siano stati(e)	fossero	fossero stati(e)

인칭	조건법		명령법
	현재	과거	현재
io	sarei	sarei stato(a)	-
tu	saresti	saresti stato(a)	sii
egli	sarebbe	sarebbe stato(a)	sia
noi	saremmo	saremmo stati(e)	siamo
voi	sareste	sareste stati(e)	siate
essi	sarebbero	sarebbero stati(e)	siano

avere

인칭	직설법			
	현재	근과거	반과거	대과거
io	ho	ho avuto	avevo	avevo avuto
tu	hai	hai avuto	avevi	avevi avuto
egli	ha	ha avuto	aveva	aveva avuto
noi	abbiamo	abbiamo avuto	avevamo	avevamo avuto
voi	avete	avete avuto	avevate	avevate avuto
essi	hanno	hanno avuto	avevano	avevano avuto
	원과거	선립과거	미래	선립미래
io	ebbi	ebbi avuto	avrò	avrò avuto
tu	avesti	avesti avuto	avrai	avrai avuto
egli	ebbe	ebbe avuto	avrà	avrà avuto
noi	avemmo	avemmo avuto	avremo	avremo avuto
voi	aveste	aveste avuto	avrete	avrete avuto
essi	ebbero	ebbero avuto	avranno	avranno avuto

인칭	접속법			
	현재	근과거	반과거	대과거
io	abbia	abbia avuto	avessi	avessi avuto
tu	abbia	abbia avuto	avessi	avessi avuto
egli	abbia	abbia avuto	avesse	avesse avuto
noi	abbiamo	abbiamo avuto	avessimo	avessimo avuto
voi	abbiate	abbiate avuto	aveste	aveste avuto
essi	abbiano	abbiano avuto	avessero	avessero avuto

인칭	조건법		명령법
	현재	과거	현재
io	avrei	avrei avuto	-
tu	avresti	avresti avuto	abbi
egli	avrebbe	avrebbe avuto	abbia
noi	avremmo	avremmo avuto	abbiamo
voi	avreste	avreste avuto	abbiate
essi	avrebbero	avrebbero avuto	abbiano

volare

인칭	직설법			
	현재	근과거	반과거	대과거
io	volo	ho volato	volavo	avevo volato
tu	voli	hai volato	volavi	avevi volato
egli	vola	ha volato	volava	aveva volato
noi	voliamo	abbiamo volato	volavamo	avevamo volato
voi	volate	avete volato	volavate	avevate volato
essi	volano	hanno volato	volavano	avevano volato
	원과거	선립과거	미래	선립미래
io	volai	ebbi volato	volerò	avrò volato
tu	volasti	avesti volato	volerai	avrai volato
egli	volò	ebbe volato	volerà	avrà volato
noi	volammo	avemmo volato	voleremo	avremo volato
voi	volaste	aveste volato	volerete	avrete volato
essi	volarono	ebbero volato	voleranno	avranno volato

인칭	접속법			
	현재	근과거	반과거	대과거
io	voli	abbia volato	volassi	avessi volato
tu	voli	abbia volato	volassi	avessi volato
egli	voli	abbia volato	volasse	avesse volato
noi	voliamo	abbiamo volato	volassimo	avessimo volato
voi	voliate	abbiate volato	volaste	aveste volato
essi	volino	abbiano volato	volassero	avessero volato

인칭	조건법		명령법
	현재	과거	현재
io	volerei	avrei volato	-
tu	voleresti	avresti volato	vola
egli	volerebbe	avrebbe volato	voli
noi	voleremmo	avremmo volato	voliamo
voi	volereste	avreste volato	volate
essi	volerebbero	avrebbero volato	volino

vedere

인칭	직설법			
	현재	근과거	반과거	대과거
io	vedo	ho visto	vedevo	avevo visto
tu	vedi	hai visto	vedevi	avevi visto
egli	vede	ha visto	vedeva	aveva visto
noi	vediamo	abbiamo visto	vedevamo	avevamo visto
voi	vedete	avete visto	vedevate	avevate visto
essi	vedono	hanno visto	vedevano	avevano visto
	원과거	선립과거	미래	선립미래
io	vidi	ebbi visto	vedrò	avrò visto
tu	vedesti	avesti visto	vedrai	avrai visto
egli	vide	ebbe visto	vedrà	avrà visto
noi	vedemmo	avemmo visto	vedremo	avremo visto
voi	vedeste	aveste visto	vedrete	avrete visto
essi	videro	ebbero visto	vedranno	avranno visto

인칭	접속법			
	현재	근과거	반과거	대과거
io	veda	abbia visto	vedessi	avessi visto
tu	veda	abbia visto	vedessi	avessi visto
egli	veda	abbia visto	vedesse	avesse visto
noi	vediamo	abbiamo visto	vedessimo	avessimo visto
voi	vediate	abbiate visto	vedeste	aveste visto
essi	vedano	abbiano visto	vedessero	avessero visto

인칭	조건법		명령법
	현재	과거	현재
io	vedrei	avrei visto	-
tu	vedresti	avresti visto	vedi
egli	vedrebbe	avrebbe visto	veda
noi	vedremmo	avremmo visto	vediamo
voi	vedreste	avreste visto	vedete
essi	vedrebbero	avrebbero visto	vedano

offrire

인칭	직설법			
	현재	근과거	반과거	대과거
io	offro	ho offerto	offrivo	avevo offerto
tu	offri	hai offerto	offrivi	avevi offerto
egli	offre	ha offerto	offriva	aveva offerto
noi	offriamo	abbiamo offerto	offrivamo	avevamo offerto
voi	offrite	avete offerto	offrivate	avevate offerto
essi	offrono	hanno offerto	offrivano	avevano offerto
	원과거	선립과거	미래	선립미래
io	offrii	ebbi offerto	offrirò	avrò offerto
tu	offristi	avesti offerto	offrirai	avrai offerto
egli	offrì	ebbe offerto	offrirà	avrà offerto
noi	offrimmo	avemmo offerto	offriremo	avremo offerto
voi	offriste	aveste offerto	offrirete	avrete offerto
essi	offrirono	ebbero offerto	offriranno	avranno offerto

인칭	접속법			
	현재	근과거	반과거	대과거
io	offra	abbia offerto	offrissi	avessi offerto
tu	offra	abbia offerto	offrissi	avessi offerto
egli	offra	abbia offerto	offrisse	avesse offerto
noi	offriamo	abbiamo offerto	offrissimo	avessimo offerto
voi	offriate	abbiate offerto	offriste	aveste offerto
essi	offrano	abbiano offerto	offrissero	avessero offerto

인칭	조건법		명령법
	현재	과거	현재
io	offrirei	avrei offerto	-
tu	offriresti	avresti offerto	offri
egli	offrirebbe	avrebbe offerto	offra
noi	offriremmo	avremmo offerto	offriamo
voi	offrireste	avreste offerto	offrite
essi	offrirebbero	avrebbero offerto	offrano

finire

인칭	직설법			
	현재	근과거	반과거	대과거
io	finisco	ho finito	finivo	avevo finito
tu	finisci	hai finito	finivi	avevi finito
egli	finisce	ha finito	finiva	aveva finito
noi	finiamo	abbiamo finito	finivamo	avevamo finito
voi	finite	avete finito	finivate	avevate finito
essi	finiscono	hanno finito	finivano	avevano finito
	원과거	선립과거	미래	선립미래
io	finii	ebbi finito	finirò	avrò finito
tu	finisti	avesti finito	finirai	avrai finito
egli	finì	ebbe finito	finirà	avrà finito
noi	finimmo	avemmo finito	finiremo	avremo finito
voi	finiste	aveste finito	finirete	avrete finito
essi	finirono	ebbero finito	finiranno	avranno finito

인칭	접속법			
	현재	근과거	반과거	대과거
io	finisca	abbia finito	finissi	avessi finito
tu	finisca	abbia finito	finissi	avessi finito
egli	finisca	abbia finito	finisse	avesse finito
noi	finiamo	abbiamo finito	finissimo	avessimo finito
voi	finiate	abbiate finito	finiste	aveste finito
essi	finiscano	abbiano finito	finissero	avessero finito

인칭	조건법		명령법
	현재	과거	현재
io	finirei	avrei finito	-
tu	finiresti	avresti finito	finisci
egli	finirebbe	avrebbe finito	finisca
noi	finiremmo	avremmo finito	finiamo
voi	finireste	avreste finito	finite
essi	finirebbero	avrebbero finito	finiscano

lavarsi

인칭	직설법			
	현재	근과거	반과거	대과거
io	mi lavo	mi sono lavato(a)	mi lavavo	mi ero lavato(a)
tu	ti lavi	ti sei lavato(a)	ti lavavi	ti eri lavato(a)
egli	si lava	si è lavato(a)	si lavava	si era lavato(a)
noi	ci laviamo	ci siamo lavati(e)	ci lavavamo	ci eravamo lavati(e)
voi	vi lavate	vi siete lavati(e)	vi lavavate	vi eravate lavati(e)
essi	si lavano	si sono lavati(e)	si lavavano	si erano lavati(e)
	원과거	선립과거	미래	선립미래
io	mi lavai	mi fui lavato(a)	mi laverò	mi sarò lavato(a)
tu	ti lavasti	ti fosti lavato(a)	ti laverai	ti sarai lavato(a)
egli	si lavò	si fu lavato(a)	si laverà	si sarà lavato(a)
noi	ci lavammo	ci fummo lavati(e)	ci laveremo	ci saremo lavati(e)
voi	vi lavaste	vi foste lavati(e)	vi laverete	vi sarete lavati(e)
essi	si lavarono	si furono lavati(e)	si laveranno	si saranno lavati(e)

인칭	접속법			
	현재	근과거	반과거	대과거
io	mi lavi	mi sia lavato(a)	mi lavassi	mi fossi lavato(a)
tu	ti lavi	ti sia lavato(a)	ti lavassi	ti fossi lavato(a)
egli	si lavi	si sia lavato(a)	si lavasse	si fosse lavato(a)
noi	ci laviamo	ci siamo lavati(e)	ci lavassimo	ci fossimo lavati(e)
voi	vi laviate	vi siate lavati(e)	vi lavaste	vi foste lavati(e)
essi	si lavino	si siano lavati(e)	si lavassero	si fossero lavati(e)

인칭	조건법		명령법
	현재	과거	현재
io	mi laverei	mi sarei lavato(a)	-
tu	ti laveresti	ti saresti lavato(a)	lavati
egli	si laverebbe	si sarebbe lavato(a)	si lavi
noi	ci laveremmo	ci saremmo lavati(e)	laviamoci
voi	vi lavereste	vi sareste lavati(e)	lavatevi
essi	si laverebbero	si sarebbero lavati(e)	si lavino

fare

인칭	직설법			
	현재	근과거	반과거	대과거
io	faccio	ho fatto	facevo	avevo fatto
tu	fai	hai fatto	facevi	avevi fatto
egli	fa	ha fatto	faceva	aveva fatto
noi	facciamo	abbiamo fatto	facevamo	avevamo fatto
voi	fate	avete fatto	facevate	avevate fatto
essi	fanno	hanno fatto	facevano	avevano fatto
	원과거	선립과거	미래	선립미래
io	feci	ebbi fatto	farò	avrò fatto
tu	facesti	avesti fatto	farai	avrai fatto
egli	fece	ebbe fatto	farà	avrà fatto
noi	facemmo	avemmo fatto	faremo	avremo fatto
voi	faceste	aveste fatto	farete	avrete fatto
essi	fecero	ebbero fatto	faranno	avranno fatto

인칭	접속법			
	현재	근과거	반과거	대과거
io	faccia	abbia fatto	facessi	avessi fatto
tu	faccia	abbia fatto	facessi	avessi fatto
egli	faccia	abbia fatto	facesse	avesse fatto
noi	facciamo	abbiamo fatto	facessimo	avessimo fatto
voi	facciate	abbiate fatto	faceste	aveste fatto
essi	facciano	abbiano fatto	facessero	avessero fatto

인칭	조건법		명령법
	현재	과거	현재
io	farei	avrei fatto	-
tu	faresti	avresti fatto	fà
egli	farebbe	avrebbe fatto	faccia
noi	faremmo	avremmo fatto	facciamo
voi	fareste	avreste fatto	fate
essi	farebbero	avrebbero fatto	facciano

andare

인칭	직설법			
	현재	근과거	반과거	대과거
io	vado	sono andato(a)	andavo	ero andato(a)
tu	vai	sei andato(a)	andavi	eri andato(a)
egli	va	è andato(a)	andava	era andato(a)
noi	andiamo	siamo andati(e)	andavamo	eravamo andati(e)
voi	andate	siete andati(e)	andavate	eravate andati(e)
essi	vanno	sono andati(e)	andavano	erano andati(e)
	원과거	선립과거	미래	선립미래
io	andai	fui andato(a)	andrò	sarò andato(a)
tu	andasti	fosti andato(a)	andrai	sarai andato(a)
egli	andò	fu andato(a)	andrà	sarà andato(a)
noi	andammo	fummo andati(e)	andremo	saremo andati(e)
voi	andaste	foste andati(e)	andrete	sarete andati(e)
essi	andarono	furono andati(e)	andranno	saranno andati(e)

인칭	접속법			
	현재	근과거	반과거	대과거
io	vada	sia andato(a)	andassi	fossi andato(a)
tu	vada	sia andato(a)	andassi	fossi andato(a)
egli	vada	sia andato(a)	andasse	fosse andato(a)
noi	andiamo	siamo andati(e)	andassimo	fossimo andati(e)
voi	andiate	siate andati(e)	andaste	foste andati(e)
essi	vadano	siano andati(e)	andassero	fossero andati(e)

인칭	조건법		명령법
	현재	과거	현재
io	andrei	sarei andato(a)	-
tu	andresti	saresti andato(a)	và
egli	andrebbe	sarebbe andato(a)	vada
noi	andremmo	saremmo andati(e)	andiamo
voi	andreste	sareste andati(e)	andate
essi	andrebbero	sarebbero andati(e)	vadano

stare

인칭	직설법			
	현재	근과거	반과거	대과거
io	sto	sono stato(a)	stavo	ero stato(a)
tu	stai	sei stato(a)	stavi	eri stato(a)
egli	sta	è stato(a)	stava	era stato(a)
noi	stiamo	siamo stati(e)	stavamo	eravamo stati(e)
voi	state	siete stati(e)	stavate	eravate stati(e)
essi	stanno	sono stati(e)	stavano	erano stati(e)
	원과거	선립과거	미래	선립미래
io	stetti	fui stato(a)	starò	sarò stato(a)
tu	stesti	fosti stato(a)	starai	sarai stato(a)
egli	stette	fu stato(a)	starà	sarà stato(a)
noi	stemmo	fummo stati(e)	staremo	saremo stati(e)
voi	steste	foste stati(e)	starete	sarete stati(e)
essi	stettero	furono stati(e)	staranno	saranno stati(e)

인칭	접속법			
	현재	근과거	반과거	대과거
io	stia	sia stato(a)	stessi	fossi stato(a)
tu	stia	sia stato(a)	stessi	fossi stato(a)
egli	stia	sia stato(a)	stesse	fosse stato(a)
noi	stiamo	siamo stati(e)	stessimo	fossimo stati(e)
voi	stiate	siate stati(e)	steste	foste stati(e)
essi	stiano	siano stati(e)	stessero	fossero stati(e)

인칭	조건법		명령법
	현재	과거	현재
io	starei	sarei stato(a)	-
tu	staresti	saresti stato(a)	stà
egli	starebbe	sarebbe stato(a)	stia
noi	staremmo	saremmo stati(e)	stiamo
voi	stareste	sareste stati(e)	state
essi	starebbero	sarebbero stati(e)	stiano

dire

인칭	직설법			
	현재	근과거	반과거	대과거
io	dico	ho detto	dicevo	avevo detto
tu	dici	hai detto	dicevi	avevi detto
egli	dice	ha detto	diceva	aveva detto
noi	diciamo	abbiamo detto	dicevamo	avevamo detto
voi	dite	avete detto	dicevate	avevate detto
essi	dicono	hanno detto	dicevano	avevano detto
	원과거	선립과거	미래	선립미래
io	dissi	fui detto	dirò	avrò detto
tu	dicesti	fosti detto	dirai	avrai detto
egli	disse	fu detto	dirà	avrà detto
noi	dicemmo	fummo detto	diremo	avremo detto
voi	diceste	foste detto	direte	avrete detto
essi	dissero	furono detto	diranno	avranno detto

인칭	접속법			
	현재	근과거	반과거	대과거
io	dica	abbia detto	dicessi	avessi detto
tu	dica	abbia detto	dicessi	avessi detto
egli	dica	abbia detto	dicesse	avesse detto
noi	diciamo	abbiamo detto	dicessimo	avessimo detto
voi	diciate	abbiate detto	diceste	aveste detto
essi	dicano	abbiano detto	dicessero	avessero detto

인칭	조건법		명령법
	현재	과거	현재
io	direi	avrei detto	-
tu	diresti	avresti detto	dì
egli	direbbe	avrebbe detto	dica
noi	diremmo	avremmo detto	diciamo
voi	direste	avreste detto	dite
essi	direbbero	avrebbero detto	dicano

dare

인칭	직설법			
	현재	근과거	반과거	대과거
io	do	ho dato	davo	avevo dato
tu	dai	hai dato	davi	avevi dato
egli	dà	ha dato	dava	aveva dato
noi	diamo	abbiamo dato	davamo	avevamo dato
voi	date	avete dato	davate	avevate dato
essi	danno	hanno dato	davano	avevano dato
	원과거	선립과거	미래	선립미래
io	diedi(detti)	ebbi dato	darò	avrò dato
tu	desti	avesti dato	darai	avrai dato
egli	diede(dette)	ebbe dato	darà	avrà dato
noi	demmo	avemmo dato	daremo	avremo dato
voi	deste	aveste dato	darete	avrete dato
essi	diedero(dettero)	ebbero dato	daranno	avranno dato

인칭	접속법			
	현재	근과거	반과거	대과거
io	dia	abbia dato	dessi	avessi dato
tu	dia	abbia dato	dessi	avessi dato
egli	dia	abbia dato	desse	avesse dato
noi	diamo	abbiamo dato	dessimo	avessimo dato
voi	diate	abbiate dato	deste	aveste dato
essi	diano	abbiano dato	dessero	avessero dato

인칭	조건법		명령법
	현재	과거	현재
io	darei	avrei dato	-
tu	daresti	avresti dato	dà
egli	darebbe	avrebbe dato	dia
noi	daremmo	avremmo dato	diamo
voi	dareste	avreste dato	date
essi	darebbero	avrebbero dato	diano

venire

인칭	직설법			
	현재	근과거	반과거	대과거
io	vengo	sono venuto(a)	venivo	ero venuto(a)
tu	vieni	sei venuto(a)	venivi	eri venuto(a)
egli	viene	è venuto(a)	veniva	era venuto(a)
noi	veniamo	siamo venuti(e)	venivamo	eravamo venuti(e)
voi	venite	siete venuti(e)	venivate	eravate venuti(e)
essi	vengono	sono venuti(e)	venivano	erano venuti(e)
	원과거	선립과거	미래	선립미래
io	venni	fui venuto(a)	verrò	sarò venuto(a)
tu	venisti	fosti venuto(a)	verrai	sarai venuto(a)
egli	venne	fu venuto(a)	verrà	sarà venuto(a)
noi	venimmo	fummo venuti(e)	verremo	saremo venuti(e)
voi	veniste	foste venuti(e)	verrete	sarete venuti(e)
essi	vennero	furono venuti(e)	verranno	saranno venuti(e)

인칭	접속법			
	현재	근과거	반과거	대과거
io	venga	sia venuto(a)	venissi	fossi venuto(a)
tu	venga	sia venuto(a)	venissi	fossi venuto(a)
egli	venga	sia venuto(a)	venisse	fosse venuto(a)
noi	veniamo	siamo venuti(e)	venissimo	fossimo venuti(e)
voi	veniate	siate venuti(e)	veniste	foste venuti(e)
essi	vengano	siano venuti(e)	venissero	fossero venuti(e)

인칭	조건법		명령법
	현재	과거	현재
io	verrei	sarei venuto(a)	-
tu	verresti	saresti venuto(a)	vieni
egli	verrebbe	sarebbe venuto(a)	venga
noi	verremmo	saremmo venuti(e)	veniamo
voi	verreste	sareste venuti(e)	venite
essi	verrebbero	sarebbero venuti(e)	vengano

sapere

인칭	직설법			
	현재	근과거	반과거	대과거
io	so	ho saputo	sapevo	avevo saputo
tu	sai	hai saputo	sapevi	avevi saputo
egli	sa	ha saputo	sapeva	aveva saputo
noi	sappiamo	abbiamo saputo	sapevamo	avevamo saputo
voi	sapete	avete saputo	sapevate	avevate saputo
essi	sanno	hanno saputo	sapevano	avevano saputo
	원과거	선립과거	미래	선립미래
io	seppi	ebbi saputo	saprò	avrò saputo
tu	sapesti	avesti saputo	saprai	avrai saputo
egli	seppe	ebbe saputo	saprà	avrà saputo
noi	sapemmo	avemmo saputo	sapremo	avremo saputo
voi	sapeste	aveste saputo	saprete	avrete saputo
essi	seppero	ebbero saputo	sapranno	avranno saputo

인칭	접속법			
	현재	근과거	반과거	대과거
io	sappia	abbia saputo	sapessi	avessi saputo
tu	sappia	abbia saputo	sapessi	avessi saputo
egli	sappia	abbia saputo	sapesse	avesse saputo
noi	sappiamo	abbiamo saputo	sapessimo	avessimo saputo
voi	sappiate	abbiate saputo	sapeste	aveste saputo
essi	sappiano	abbiano saputo	sapessero	avessero saputo

인칭	조건법		명령법
	현재	과거	현재
io	saprei	avrei saputo	-
tu	sapresti	avresti saputo	sappi
egli	saprebbe	avrebbe saputo	sappia
noi	sapremmo	avremmo saputo	sappimo
voi	sapreste	avreste saputo	sappiate
essi	saprebbero	avrebbero saputo	sappiano

volere

인칭	직설법			
	현재	근과거	반과거	대과거
io	voglio	ho voluto	volevo	avevo voluto
tu	vuoi	hai voluto	volevi	avevi voluto
egli	vuole	ha voluto	voleva	aveva voluto
noi	vogliamo	abbiamo voluto	volevamo	avevamo voluto
voi	volete	avete voluto	volevate	avevate voluto
essi	vogliono	hanno voluto	volevano	avevano voluto
	원과거	선립과거	미래	선립미래
io	volli	ebbi voluto	vorrò	avrò voluto
tu	volesti	avesti voluto	vorrai	avrai voluto
egli	volle	ebbe voluto	vorrà	avrà voluto
noi	volemmo	avemmo voluto	vorremo	avremo voluto
voi	voleste	aveste voluto	vorrete	avrete voluto
essi	vollero	ebbero voluto	vorranno	avranno voluto

인칭	접속법			
	현재	근과거	반과거	대과거
io	voglia	abbia voluto	volessi	avessi voluto
tu	voglia	abbia voluto	volessi	avessi voluto
egli	voglia	abbia voluto	volesse	avesse voluto
noi	vogliamo	abbiamo voluto	volessimo	avessimo voluto
voi	vogliate	abbiate voluto	voleste	aveste voluto
essi	vogliano	abbiano voluto	volessero	avessero voluto

인칭	조건법		명령법
	현재	과거	현재
io	vorrei	avrei voluto	-
tu	vorresti	avresti voluto	vogli
egli	vorrebbe	avrebbe voluto	voglia
noi	vorremmo	avremmo voluto	vogliamo
voi	vorreste	avreste voluto	vogliate
essi	vorrebbero	avrebbero voluto	vogliano

dovere

인칭	직설법			
	현재	근과거	반과거	대과거
io	devo	ho dovuto	dovevo	avevo dovuto
tu	devi	hai dovuto	dovevi	avevi dovuto
egli	deve	ha dovuto	doveva	aveva dovuto
noi	dobbiamo	abbiamo dovuto	dovevamo	avevamo dovuto
voi	dovete	avete dovuto	dovevate	avevate dovuto
essi	devono	hanno dovuto	dovevano	avevano dovuto
	원과거	선립과거	미래	선립미래
io	dovetti	ebbi dovuto	dovrò	avrò dovuto
tu	dovesti	avesti dovuto	dovrai	avrai dovuto
egli	dovette	ebbe dovuto	dovrà	avrà dovuto
noi	dovemmo	avemmo dovuto	dovremo	avremo dovuto
voi	doveste	aveste dovuto	dovrete	avrete dovuto
essi	dovettero	ebbero dovuto	dovranno	avranno dovuto

인칭	접속법			
	현재	근과거	반과거	대과거
io	debba	abbia dovuto	dovessi	avessi dovuto
tu	debba	abbia dovuto	dovessi	avessi dovuto
egli	debba	abbia dovuto	dovesse	avesse dovuto
noi	dobbiamo	abbiamo dovuto	dovessimo	avessimo dovuto
voi	dobbiate	abbiate dovuto	doveste	aveste dovuto
essi	debbano	abbiano dovuto	dovessero	avessero dovuto

인칭	조건법		명령법
	현재	과거	현재
io	dovrei	avrei dovuto	-
tu	dovresti	avresti dovuto	-
egli	dovrebbe	avrebbe dovuto	-
noi	dovremmo	avremmo dovuto	-
voi	dovreste	avreste dovuto	-
essi	dovrebbero	avrebbero dovuto	-

potere

인칭	직설법			
	현재	근과거	반과거	대과거
io	posso	ho potuto	potevo	avevo potuto
tu	puoi	hai potuto	potevi	avevi potuto
egli	può	ha potuto	poteva	aveva potuto
noi	possiamo	abbiamo potuto	potevamo	avevamo potuto
voi	potete	avete potuto	potevate	avevate potuto
essi	possono	hanno potuto	potevano	avevano potuto
	원과거	선립과거	미래	선립미래
io	potei(potetti)	ebbi potuto	potrò	avrò potuto
tu	potesti	avesti potuto	potrai	avrai potuto
egli	potè(potette)	ebbe potuto	potrà	avrà potuto
noi	potemmo	avemmo potuto	potremo	avremo potuto
voi	poteste	aveste potuto	potrete	avrete potuto
essi	poterono(potettero)	ebbero potuto	potranno	avranno potuto

인칭	접속법			
	현재	근과거	반과거	대과거
io	possa	abbia potuto	potessi	avessi potuto
tu	possa	abbia potuto	potessi	avessi potuto
egli	possa	abbia potuto	potesse	avesse potuto
noi	possiamo	abbiamo potuto	potessimo	avessimo potuto
voi	possiate	abbiate potuto	poteste	aveste potuto
essi	possano	abbiano potuto	potessero	avessero potuto

인칭	조건법		명령법
	현재	과거	현재
io	potrei	avrei potuto	-
tu	potresti	avresti potuto	-
egli	potrebbe	avrebbe potuto	-
noi	potremmo	avremmo potuto	-
voi	potreste	avreste potuto	-
essi	potrebbero	avrebbero potuto	-